CLEAN

BUDDHISM FOR MENTAL CLEANING

こころを洗う技術

思考がクリアになれば人生は思いのまま

草薙 龍瞬
Kusanagi Ryushun

SB Creative

はじめに
現実を生き抜く最強メンタルを育てよう

現実は、思い通りにいかないものだ——その実感が、私たちの出発点です。

日常を振り返れば、うまくいかない現実に、いつも不満を感じていることに、気づきます。たとえば、

○イライラが止まらない。無駄なことを考えて、心が落ち着かない。
○「あのとき、ああしていれば」という未練や後悔が残る。
○他人の視線が気になって仕方ない。人間関係がストレスだ。
○プレッシャーに弱い。失敗すると極端に落ち込んでしまう。
○ずっと悩んでいる。長いこと前に進んでいない気がする。

こうした心境は、いわば「心が晴れない」状態です。クリーンではない。どこかイライラ、モヤモヤしている。「わたし、何やってるんだろう」「これでいいのだろうか」と、繰り返される自問自答——身に覚えは、ないでしょうか。

人は一般に、外の世界に答えを求めます。勉強したり、仕事に励んだり。「新しい何かを手に入れれば、解決できる」と、考えてしまうのです。

ですが、それが「落とし穴」です——なぜなら、**もしその発想が正しければ、とっくの昔に「思い通りに生きている」はずだからです。**

しかし、現実は違います。「よかれ」（これが正解）と思って生きてきたが、現実は変わっていない——とするなら、過去の発想は間違っていたのです。

今のままでは、あと十年経っても「うまくいかない現実」を生きていることでしょう。はて、そんな人生をあなたは望むでしょうか？

この本のメッセージは、多くの人には意外かもしれません。つまり、こういうことです——

心が汚れているかぎり、何をしてもうまくいかない。思い通りの人生を生きたければ、〝クリーンな心〟が欠かせない。

これが、あなたに最も強く伝えたいメッセージです。

クリーンな心とは、イライラ、モヤモヤとは正反対。なんのストレスも雑念もなく、晴れ渡る空のように爽快な心です。

クリーンな心なら、毎日が快適です。他人がストレスにならないし、仕事も前に進みます。ネガティブな感情は、すぐにリセット。過去は過去。すっきりした気分で明日を迎えることができます。そのとき、あなたはこう感じることでしょう――

「こんな毎日が、ずっと続けばいい」

「今のわたしなら、未来もきっと大丈夫」

これが、クリーンな心で生きている人の心境です。

そんなにうまくいくだろうか、と感じる人は、ぜひ本書を手にしてください。

この本が伝えるのは、ただの知識ではありません。古代インドの賢者ブッダが伝えた〝こころを洗う技術〟です。日常に即使えて、効果抜群——これをマスターすることが、今後の人生を変えるカギになります。

本書では、五つの〝こころを洗う技術〟を用意しました——

○止める——ムダな反応を止める。イラつきや、モヤモヤと考え続ける思考を止めて、落ち着きを取り戻す。【第1章】

○削《そ》ぎ落とす——不快な過去や、嫌いな相手、スマホやネットの情報など、アタマに漂う不必要なノイズ（雑念）を切って捨てる。【第2章】

○留《とど》まる——他人事や外の世界を追いかけない。自分の物事に専念して、着実に前に進む。【第3章】

○立て直す——失敗しても落ち込まない。「たら、れば」と後悔しない。気持ちを整えて、もう一度前を向く。【第4章】

○越える——過去の自分を卒業する。長年の悩みを解決する「方法」を実践することを、今後の目標とする。【第5章】

いずれも、思い通りの人生を生きるうえで欠かせないツール（道具）です。使うだけで、日常が格段にラクに、快適になります。

仕事に家庭、悩ましい人間関係に、先の見えない世の中――私たちの人生は、ままならない現実に囲まれています。**こうした現実に、私たちは、心を汚さず、クリーンな心境で生き抜かなければなりません。**

ならば今こそ、ブッダ直伝の〝こころを洗う技術〟を活かすべきです。

心を洗って、ストレスなく、迷いなく、「大丈夫、この生き方で間違いない」という最高の納得に、たどり着くのです。

安心して、読み進めてください。読み終えた時にはきっと、雲が晴れたような、すがすがしい心に変わっているはずです。

では、始めましょう。

草薙《くさなぎ》 龍瞬《りゅうしゅん》

「こころを洗う技術」の体系
BUDDHISM FOR MENTAL CLEANING

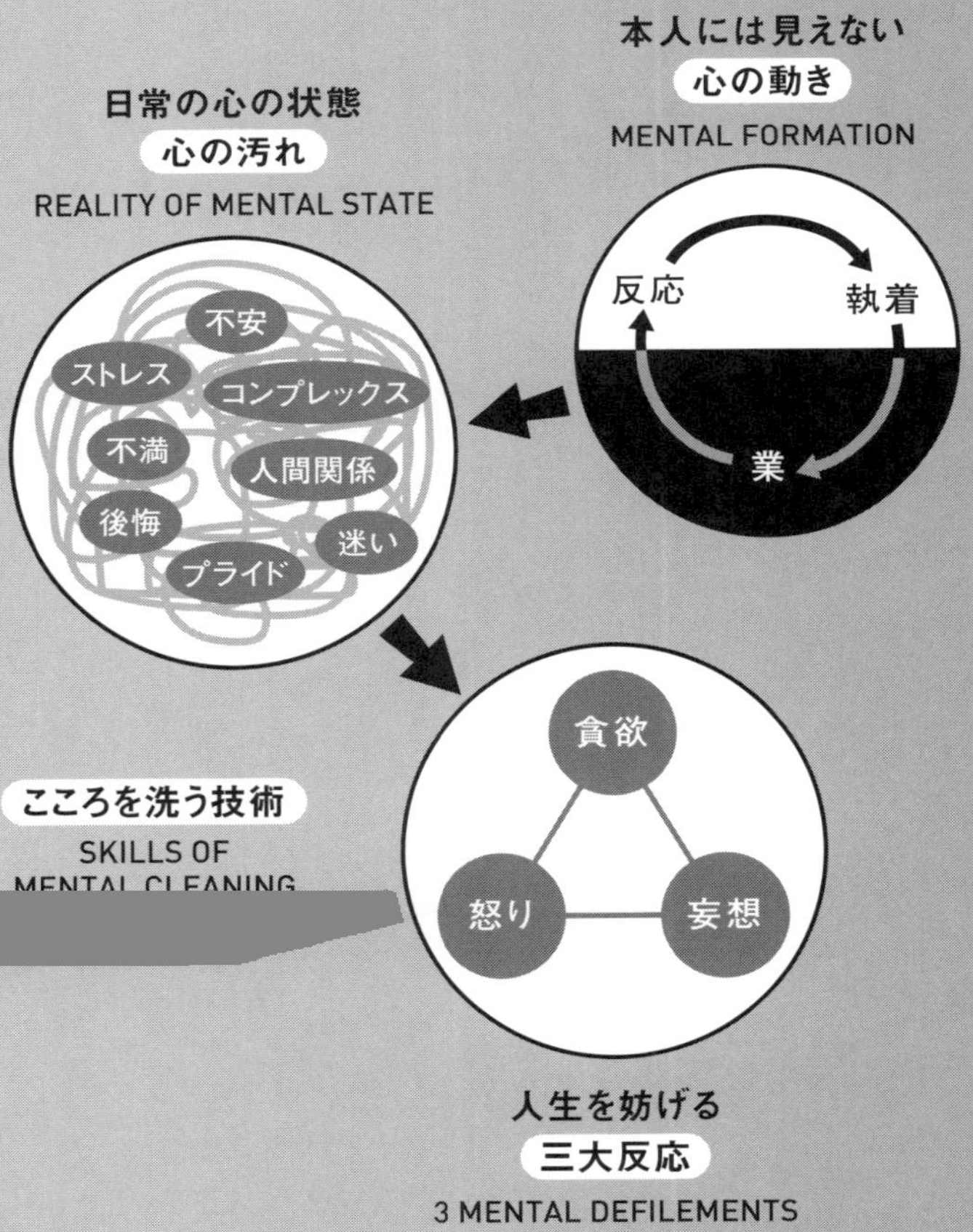

手順	技術
[第1章] 止める STOP	▶ ラベリング(言葉で自覚する)
[第2章] 削ぎ落とす SHAPE	▶ サティ(気づく)
[第3章] 留まる STAY	▶ 「自分の輪郭」に留まる
[第4章] 立て直す REBUILD	▶ 「合理的思考」に立つ
[第5章] 越える OVERCOME	▶ 「智慧」で解決する

こころを洗う技術●もくじ

はじめに　1

CHAPTER 1

止める

日常の中で、
心は動く。汚れる。重くなる。
心を〝止める〟技術を身に付けよう。

STOP

心を洗えば、すべてが動き出す ―― 18
心を止められないと、ストレスは溜まる一方　19
「心が動くプロセスを知る」ことが第一歩　20
苦しみは気づかぬうちにやってくる　22
「クリーンな心」に人生の舵を切れ　26
心の無駄は、言葉で止める ―― 30
特効薬は「ラベリング」　31
一日五分、心を止めてみる　33

悩みの正体は、たった三つの反応 —— 35
○妄想――日常を一新したいなら、妄想を抜け出せ 40
○貪欲――歯止めをかけないと、心は渇き続ける 44
貪欲は心の病気 46
○怒り――無駄な反応の最たるもの、瞬時に停止しよう 48
三毒プラス「慢」にご用心 49
結局は「妄想を消せるか」次第 52
心を見つめるほど、強くなれる —— 54
心の履歴を振り返る 55
「心を止められる人」こそ自由自在 60

CHAPTER
2

削ぎ落とす ——

日々の反応は、塵や埃のように溜まっていく。心の汚れを巧みに落として、本来の力を取り戻せ。

いざ実践！ 仏教式メンタル・クリーニング —— 64

SHAPE

BUDDHISM FOR
MENTAL CLEANING

「心の根っこ」を知っていますか？　65
「最高の洗浄力」で人生をリフレッシュ！　68
「サティ」で心を磨けば、クリアに見え始める ―― 72
手を使うサティ　73
呼吸を使うサティ　73
立つサティ　75
歩くサティ　75
「ダブルの実践」が心に効く！　77
やるか、やらないか――やるしかない！ ―― 80
考え込む人は「体でほぐす」　81
吹っ切りたい人は「いっそ潔く認めてしまう」　82
「机をひと拭き」するだけで　86
心は生まれつきクリーンなもの　90
「千歩禅」で苦しみを抜け出せ　94
「わたしの人生は、ここで終わりではない」　97

CHAPTER 3

留まる

うかつに反応すれば、苦しみが流れ込んでくる。
「自分の輪郭」に留まって、
他者に振り回されないようにせよ。

STAY

心を漏らせば、力を失う 102

「自分の輪郭」と「妄想ゾーン」 104
「音が消える」まで待てるか？ 107
「完全スルー」でストレスゼロ 108
厄介な相手に動じない「心の手順」 110

「関わる基準」を明確にする 116

3つの絶対条件で絞り込む 117
本当に「関わる価値」はあるのか 119
あえて「誠実であれ」という基準 122
あとは流れていくだけでいい 126

CHAPTER 4

立て直す

——動揺して、ときに崩れても、大丈夫。
心は立て直せる。その方法がある。
どんな状況にも狼狽《うろた》えないタフな心を育てよう。

REBUILD

不本意な過去に負けてたまるか——130

「後悔」に効くクスリはただ一つ 131

「未練」を「ヤル気」に切り替える——135

方法を「作業ベース」で考える 137

「何も考えずに集中できる」レベルをめざせ 139

「期限切れの夢」はキッパリ捨てる 142

「失敗した！」から直ちに立ち上がる方法——145

失敗直後は、これだけでいい——145

失敗した人が選べる「二つのコース」 147

CHAPTER 5

越える

理解する力が、現実を「ただの課題」に変える。
悩みは、一生抱えるものではない。
理解して越えていくものだ。

OVERCOME

最高の人間関係は「理解して励ます」——150
悩んでいる人が最初に犯す意外な過ち 151
思い込みを解除する 153
心は「判断されたくない！」 155
「上から目線」は最悪の判断 158
「相手にとって」を最初に考える 161
めざすは「ダウン型」ではなく「アッパー型」 164
前を向いて家路につけるか 168

「見えない心の重力」を越えてゆけ——178
〝業〟というダークサイド 179
「心を縛りつける力」の正体 181
理屈を追うな、心を変えよ 184

「心のクセ」と決別しよう——187
業をラベリングする　188
代表的な業（心のクセ）のタイプ　188
前に進むために「一日を振り返る」　191
足を引っ張っているのは「親の業」？——194
親の業から脱出する4つのステップ　196
「距離を置く」ことをためらわない　198
大丈夫、もう恐いものはない　201
この世界の「毒」に染まらない——203
新しい「心の使い方」に目覚めよう——209
この三つを克服できれば本領発揮！　210
大いなる目標「智慧の完成」をめざす——213
「ニュートラル」があらゆる可能性を開く　214

洗いたての心を作る「二つの知性」――217
理解する心は、苦しまない 218
「正しい思考」で突き進め 219
「自分も幸せ、人も幸せ」を願えるように 220
「人生最高の価値」を明確にしよう――224
自分の価値を他人に委ねるな 224
人生の価値を自分で決めるな 226
執着していい。但し―― 227
苦しいときは「思考が間違っている」と考える 229
外の世界は関係ないのだ！ 230
最高の人生は、最高の今に始まる――231
「今日この日に快がある」――234
ここからは、クリーンな心でいこう！――236
人生は、いつだってやり直せばいい 238

BUDDHISM FOR
MENTAL CLEANING

装丁　井上新八
本文デザイン・図版　松好那名(matt's work)
DTP　荒木香樹
校正　新田光敏

CHAPTER1

止める
STOP

日常の中で、
心は動く。汚れる。重くなる。
心を〝止める〟技術を身に付けよう。

心を洗えば、すべてが動き出す

人は誰でも、思い通りに生きたいと願うもの。でも現実は、思うようにはいきません。その最大の理由は、何でしょうか？

一言でいえば〝心がクリーンではない〟ことが、理由です。

心は、すでに汚れています。イライラや焦り、不安や後悔、「自分は劣っている」「何かが足りない」という思いや、消えない雑念が、いつも心に漂っています。

一体どうすれば、心の汚れを洗い落とせるか、わからないままでいます。

さらに、今後の生き方も、はっきりしません。どう生きれば「これで間違いない」と確信が持てるか、多くの人が知らないままなのです。

結果的に、人生の視界は、ぼやけたまま——そんな心境で、快適に過ごせるはずはありませんよね。

快適に生きるには、まず心をクリーンにしなければならない――そのための〝こころを洗う技術〟です。

では、その最初の技術は？――ずばり、無駄な心の動きを「止める」技術です。

心を止められないと、ストレスは溜まる一方

心が止まらないかぎり、心は汚れる一方です。たとえばあなたは、うまくいかない時にかぎって、腹の立つ出来事に遭遇したことは、ないでしょうか。

イライラしていると、小さなことも目に着くし、腹が立つ。すでに怒りが蓄積しているから、〝引火〟しやすくなっているのです。しかも、やたら思い出します。また腹が立ってきます。と同時に「こんなことで怒るなんて」「情けない」「またやってしまった」と、苦い後悔や自分を責める気持ちも出てきます。

あれこれ考え続けて、いっこうに収まらない――この「動き続ける心」が悩みを作り出しているのです。

心を止めないかぎり、こうした悩みは永久に続きます。想像するだけで、しんどくなりますよね。いや、もうすでに、つらい毎日を生きている人もいるかもしれません。

こうした日々を脱出するには、「心を止める」しかありません。考えない。思い出さない。反応しない——暴走する車のブレーキを踏むように、心の動きにも歯止めをかけないといけないのです。

「心が動くプロセスを知る」ことが第一歩

心を止めるには、どうするか。多くの人が「ストレスを解消したい」「雑念を消したい」と言いますが、大事なことを見落としています。それは「心の動きを理解する」ことです。

理解するとは、「今、心が反応した、怒りが湧いた、ムダなことを考えた」という心の動きを、ちゃんと自覚していることです。

自覚していないから、外の物事が気になるし、人の言葉に動揺します。簡単に腹を立て、過去を引きずって、あれこれと答えの出ない思考に再突入するのです。

「心の動きを見ていない」ことが、最大の原因です。

なぜ心が見えないか――そもそも〝心がどのように動くのか〟を知らないことも理由です。たとえば、知らない外国語はチンプンカンプンですが、多少学ぶと、「あ、聞いたことある」と気づけるようになります。やがて「わかる」レベルに到達します。

それと同じように、**心が動くプロセスを知っておくと、「あ、動いた、反応した」と気づけるようになります。そこから「止める」ことも可能になっていくのです。**

そこでお待ちかね、原始仏教の出番です。ブッダの智慧を借りて、心が動くプロセスを言語化してみましょう。最初にこんな喩えから――

すべては燃えている。心は、見るものに触れて燃え、音に触れて燃え、匂い、味、触れるものに燃えている。貪欲と怒りと妄想の炎を挙げて燃えている。さまざまな苦悩の火を挙げて燃えているのである。

燃える火の教え　サンユッタ・ニカーヤ

ブッダが語る「燃える火」とは、〝刺激に触れて反応する心の様子〟を喩えたものです。

刺激は内外からやってきます。つまり、目や耳で捉えた外からの刺激と、心に浮かぶ想い（言葉や映像や音）です。

その刺激に一度反応すると、心は、別の刺激にも反応し始めます。たとえば、一度怒りで反応すれば、別のことにも腹が立ってきたり、誰かを責める理屈を考え始めたりします。しつこく過去を振り返るとか、憂さ晴らしの快楽に流れることもあります。

これらはすべて、最初の反応が作り出した、無駄で過剰な反応です。

一度燃えた心は、火が燃え広がるように、別の材料を探し出して新しい火を上げる。結果的に、心はつねに燃えている。その炎が苦しみになる――とブッダは語るのです。

苦しみは気づかぬうちにやってくる

このブッダの喩えを、〝**苦しみが生まれる心のプロセス**〟として体系化してみましょう。次の①から⑤は〝意識〟というエネルギーが変化するさまを表しています――

①〝意識〟という エネルギーが生じる――これが〝心〟の始まりです。
②外の刺激に触れる――光や音など、体の感覚器官を通して刺激に触れます。
③反応する――刺激に反応して、感情や思考が生まれます。
④結生《けっしょう》する sankhāra: mental formation ――強く反応することで、衝動や欲求が生まれます。感情が高ぶり、記憶にも刻まれます。
⑤執着する――結生した反応が持続します。ブッダが言った「炎」の状態です。

――人間の心は、このプロセスを経て「苦しみ」にたどり着きます。苦しみといっても、本人が自覚できる深い苦悩だけでなく、漠然と気持ちが晴れない、落ち着かないといった精神状態も含みます。

①から⑤のいずれの言葉も、無駄な反応を止めるキーワードになるので、覚えておきましょう。

まず、①の〝**意識**〟viññāna: a flow of consciousness が出発点です。これは、心に溢れ出すエネルギーです。人が死ぬまで止まりません。

意識というエネルギーは、刺激を求めて流れ続けます。しかしその先が満足に終わるとは限りません。不満や失望、「こんなものか」という落胆で終わることもあります。仮に満足しても、続きません。「もっと」「別の刺激を」と、求め続けます。だから人の心は、いつも渇いているのです。その実感を、仏教では「渇愛《かつあい》」taṇhā と呼ぶこともあります。

他方、意識を上手に使いこなせば、生きる意欲や「やるぞ」というモチベーションになります。意識は、人生のエネルギー源でもあるのです。

意識をいかに使うか――これが、仏教をつらぬくテーマであり、私たちの課題ということになります。

意識が「**刺激に触れる**」（②）と、ほぼ瞬間に「**反応**」（③）が生まれます。刺激に触れなければ、心は動きません。だから本当は、ストレスにつながる刺激――欲望や怒りを刺激してくる世間の話題や情報には、触れないほうがよいのです。でも、意識は容易に止まりません。だからつい刺激を求めてしまいます。

ほとんどの人は、刺激に触れ反応して、「**結生**」（④）して、「**執着**」（⑤）という心の状態に至ります。ここまであっという間です。人の言葉についイラッとして（反応）、顔に出たり、言い返したり（結生）、後になってもまだ腹を立てている（執着）のです。

人の心は、この①から⑤へのプロセスを、四六時中繰り返しています。反応の数が多く、結生のレベルが強いほど、執着の量は増えるし、長く続きます。

結果的に、多くの人が、イライラやモヤモヤを抱えて生きています。これが、人の日常であり、人生です。

世間では、仕事がないとか、肩身が狭い、運が悪いとか、外の状況を不幸と呼びますが、**仏教では何よりも「心の状態」を見るのです。心が汚れた状態なら不幸だし、快適なら幸せなのです。**

ところが人は、外ばかり見て反応し、心を汚したまま生きています。だからつらいし、うまくいかないことが増えていくのです。

すべては、心を見ていないから――ブッダに言わせれば、「早く気づけよ！」と言われるかもしれません……。

「クリーンな心」に人生の舵を切れ

正直なところ、人は、こうした生き方――「気がつけば、すでに燃えている」という姿しか、知らないのかもしれません。

自分も頑張って生きてきた。よかれと思うことをやってきた。しかし、いつまでも満たされない。これでいいという確信が持てない。心はいつも燻って、渇いている気がする――それが、本音ではないでしょうか。

もし部屋が燃えていたら、その中で暮らせるはずはありません。煤まみれで生活しても楽しくないし、灰で汚れた窓からは、外の景色も見えません。

人の心も、同じです。刺激に晒され、無防備に反応し、いつの間にか執着して、心が汚れているのなら、快適な人生など始まるはずもないのです。

もう十分生きました。**でも幸いに時間はあります。ならば、このあたりで〝人生の方向転換〟を図るべきではないでしょうか。**

燃える心から、クールな心へ。

汚れた心から、クリーンな心へ。


刺激に振り回されず、反応せず、反応しても素早く流して、執着を残さない。

そんなクリーンな心境で生きることを、めざすのです。

クリーンな心――あまり聞かないかもしれませんが、仏教の世界では「清浄心《しょうじょうしん》」と呼んで、古くから大事にしてきました。
汚れない、ゆえに苦しみがない、だからこそ、今が最高に幸福である――そんな心境をめざして修行してきたのが、仏教の世界です。あなたは、今その世界に通じる〝門〟の前に立っているのです。

クリーンな心は、爽快です。過去も未来も気にならない。今だけを快適な心で生きていて、見るもの・聞くことが新鮮に感じられます。

その心境は、幼い子供に似ているかもしれません。

子供は、過去を引きずるほど長く生きていません。未来もよくわかりません。だからこそ、目の前のこと、今日を体験することで、心は満たされています。
もしあなたが、そんな心を取り戻せたら、無駄なことを考えず、目の前の物事だけに純粋無邪気に取り組んで、やった、終わった、楽しかった、つまらなかった、悲しかった、といろんな感情を味わって、「次は？」「何が体験できるかな？」と未来を心待ちにして、「また明日がある」という信頼をもって眠りに着くことでしょう。

毎日が新しく、体験することが面白い。人生は、生きる価値がある。

ブッダが伝えた〝こころを洗う技術〟は、そうした心境で生きることを可能にする方法です。

まずは、人生の方向転換を――燃え続けるより、クールでクリーンな心をめざすほうが、価値がある。そうはっきりと、自分の中で答えを出すことです。

今後めざすべきは、〝こころを洗う技術〟を日々実践することです。五つの技術を、日々に活かしていくことで、あなたの心は、すっきり晴れた青空のような心境へと変わってゆくはずです。

まずは、心の動きが見えることをめざしてください。見て、止める。

反応、結生、執着——という言葉は、自分の心を客観的に見るためのツールです。客観的に見る力が育つにつれて、「考えない」「反応しない」と言葉にする（念じる）だけで、心を止めることが可能になります。本当ですよ。

心の無駄は、言葉で止める

心を汚し、無用の苦しみを作り出す、心の動きを止めなければいけません。
その最初の作業が、そう、〝気づく〟こと。この言葉の意味をさらに掘り下げていきましょう。

無駄な思いに覆われた心の状態に、気づくがよい。
そして自覚せよ——この汚れた心では、正しい理解は不可能だ。
このままでは、いつまでも苦しみの連鎖は続くであろうと。

若き修行者への訓戒　マッジマ・ニカーヤ

この言葉は、三つの重要なメッセージを含んでいます。ひとつは「心の状態に気づけ」ということ。すでにお伝えしたとおり、心に何が起きているか——反応か、結生か、執着か——が見えるようになりなさいということです。

もうひとつは「現状を自覚せよ」ということ。自分の心を見て、「このままではいけない」と、はっきり目を覚ませというのです。

三つめは「正しい理解をめざせ」ということ。正しい理解とは、①苦しみの原因を突き止め、②その原因を取り除いて、苦しみのない心境に到達することです。これを成就することが、いわゆる〝悟り〟です。

特効薬は「ラベリング」

正しい理解を育てる方法は、大きく二つあります。ひとつは〝ラベリング〟であり、もうひとつは、ブッダ自身がよく語っていた〝サティ〟です。

この二つは、心を止めて、クリーンな心に近づくために、きわめて重要な意味を持ちます。一つずつ解説していきましょう。

ラベリングとは、言葉で確認することです。今自分がしていること・やろうとしていることを、言葉を使って客観的に確かめるのです。たとえば、

○歩いているときは、「わたしは今歩いている」と意識する。

○ホームで電車を待っているときは、「電車を待っている。駅に立っている」と自覚する。

○パソコンで作業を始めるときは、「作業を始めます」と確認する。

こうして自分の行いを客観的に理解します。ラベルに名前を書いて、ペタリと貼る要領で、自分の姿を外から確認するのです。

理想は**「やる前に確認、やっている最中に確認、やった後に確認」**です。「今から服を着ます」「手を伸ばす、伸ばしている」「右腕を通す、通した。左腕を通す、通した」という具合です。

外を歩くときは、「今から歩きます」「歩いています。右、左、右――」「信号を見ます。止まります。立っています。待っています」という形です。

一日五分、心を止めてみる

試しに五分《ごふん》だけ、「わたしは○○しています」という事実確認を、沈黙を挟まず続けてみてください。部屋の片づけや、食事の準備など、体を使った単純作業でチャレンジしてみます。

部屋の片づけなら、「つかむ」「運ぶ」「置く」くらいのシンプルなラベリングでOKです。ただし沈黙しないこと。**「事実確認」というモード（心の状態）を維持し続けてください。**

本気でやれば、かなり疲れます。心は隙《すき》さえあれば考えてしまうものだからです。考え込まないように、忙しくラベリングする。言葉で確認して無駄な思考を排除する――これが、意外とハード（難しい）のです。

わずかな時間、単純な事実確認さえ続かない。ということは、日頃それだけ無駄なことを考えているということです。ぼんやりと。今に集中していない――。

その散漫な状態で、過去に戻ったり、他人に振り回されたり、自分を責めたりして、心は汚れ続けているのです。

ぜひ一日に一度は「真剣ラベリング・モード」に挑戦してみてください。本当は、アタマを使う（大事なことを考える）以外は、いつも言葉で確認している姿が、理想です。

ラベリング――言葉による客観視――は、妄想（ムダな思考）を排除し、心をクリーンに保つ最高のスキルです。

次第に「アタマが冴えてきた」「心がクリアになってきた！」と実感し始めます。理解できる心は、爽快ですよ。

悩みの正体は、たった三つの反応

さて今度は、ラベリングを外ではなく内側、つまり自分の心に使いましょう。心の動きを言葉で確認することで、反応を止めることが可能になります。すでに出てきた反応・結生・執着という言葉も、ラベリングに使えますが、ここでは別の手法を紹介します。次の三つの言葉で、心の状態を分けて確認するのです――。

○**貪欲**――欲求が強すぎる状態。「求めすぎだ」と自己確認する。
○**怒り**――不快を感じている状態。「怒りが湧いている」と自覚する。
○**妄想**――アタマにノイズ（言葉・音・映像）が漂っている状態。「これは妄想だ」と言葉で確認する。

この三つを挙げたことには、超重要な理由があります。というのも、**心に浮かぶ思いを〝反応の種類〟として分類すると、この三つに収斂されていくのです。どんなに複雑に思える悩みも、作っているのは最終的に、この三つです。**

これらを仏教では、苦しみを伴う三大反応として「煩悩」「三毒」と表現します。さながら八〇〇万画素のテレビ画面も、赤・緑・青の光の三原色で作られていることに似ています。

もしテレビから原色がひとつ消えると、画面の色が変わります。原色がすべて消えれば、画面が消えてしまいます。

心にも似たところがあります。貪欲・怒り・妄想を一つずつ消していけば、抱えている苦悩は、減ってゆき、やがて解消されるのです。

瞑想・坐禅というのは、こうした反応を減らす訓練です。三つの反応が消えた心を、仏教では「寂滅《じゃくめつ》」「清浄」と呼んでいるのです。

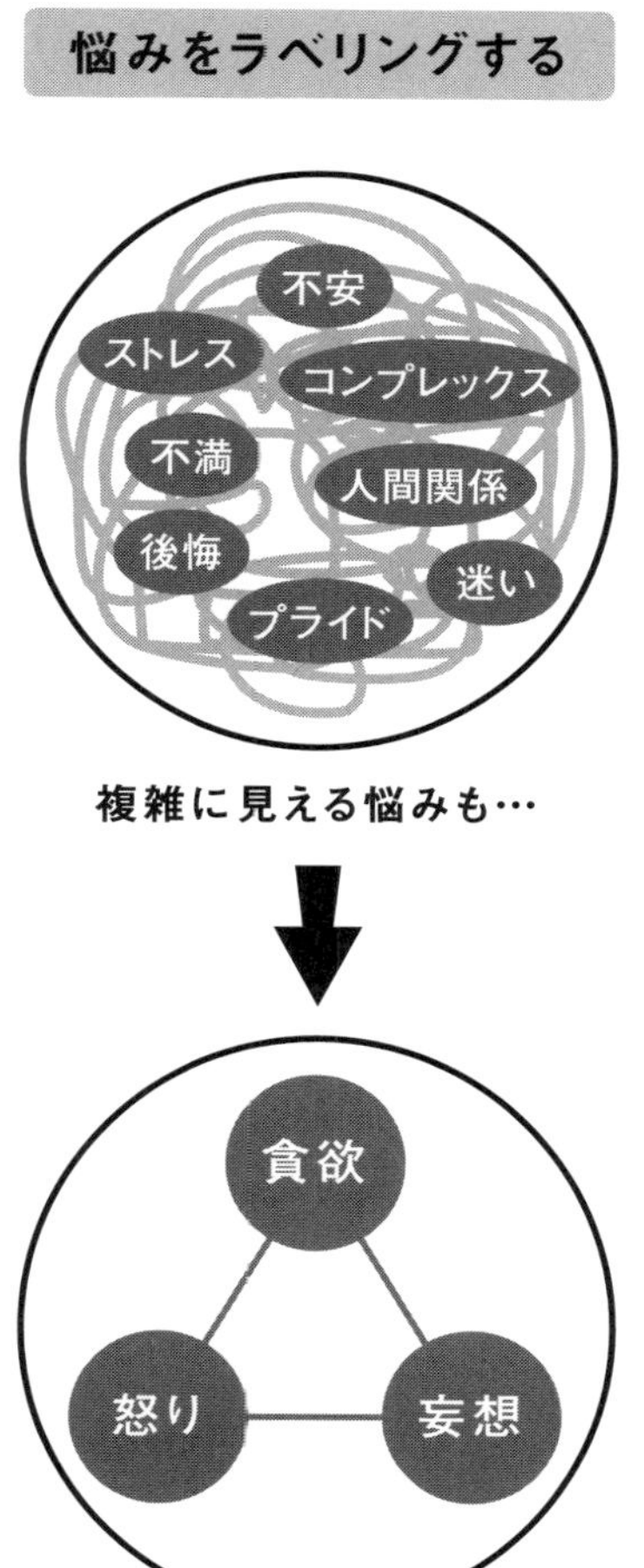
悩みをラベリングする
不安
ストレス
コンプレックス
不満
人間関係
後悔
迷い
プライド
複雑に見える悩みも…
貪欲
怒り
妄想
3つの反応（煩悩）に分類できる

今後あなたが悩みを抱えたときは、「考え込む」でも「闘う」でもなく、これら三つの反応を「**気づいて減らそう**」と考えてください。その手段が、ラベリングです。「これは貪欲」「これは怒り」「これは妄想」とはっきり自覚できれば、その時点で、その反応は消えるプロセスに入ります。

というのも「反応する」のと「自覚する」ことは、心（特に意識）の使い方としては、正反対だからです。言葉で自覚できれば、反応は止まります。反応が作るストレスや雑念も、それに合わせて消えてきます。

なお「言葉で考えると、いっそう腹が立ってきます」と言う人がいますが、これは「言葉に反応して、新たに怒っている」からです。

「怒りを増やす思考に意味はない。怒りを言葉にするのではなく、怒りがあると言葉で確認するだけでいいんだ」と思い直してください。

いわば、目の前に〝心〟という玉のような物体があると想ってください。中はつねに動いています。触れると、いろんな色が生まれます。**その心の動き・心の状態を、「反応・結生・執着」「貪欲・怒り・妄想」という言葉で確認しつつ、観察するのです。**

そのまま、心という物体を観察しながら、手に取って、胸のあたりに収めてください。さっきまでと同じように、心の動きとその状態を、言葉で確認し続けます。それが、「心を見ている」状態です。

もっとも最初は、貪欲か怒りか妄想かという区別さえ、つかない人も大勢います。そもそも心は見えにくいもの。しかも心を見るのは初めてです。無理もありません。だからこそ、心がどういうものかを言葉にして、理解を深めていくのです。それが、仏教を学ぶ目的です。理解が進めば進むほど、自分の心がよく見えて、透明感が増してゆくのです。

貪欲と怒りと妄想という苦しみの源を知った者は、心の自由を手に入れる。
渡り難《がた》かった心の激流を越えて、二度と翻弄されることはない。

異教徒との対話　スッタニパータ

妄想

悩みの99％は、妄想が作っている。日常を一新したいなら、妄想を抜けることだ。

最初に取り上げるのは〝**妄想**〟です。

妄想こそが、人間の苦悩を長引かせる最大の原因です。妄想を洗い落とせば、悩みの99％は解決できたも同然――そう言っていいほど、妄想は心に蔓延《はびこ》っています。その実態を明らかにしましょう。

妄想とは、何かを脳裏に思い浮かべている状態です。映像を思い描く。言葉で考える。過去を思い出したり、未来を想像したりと、アタマにちらつくすべての思いが、妄想に当たります。

「仕事や勉強でアタマを使うことも、妄想なのか」と言われたら、「心の状態としては妄想だが、意味のある妄想である」ということになります。

妄想には、無意味なものと、意味のあるものがあるのです。後者を、仏教では〝正しい思考〟と呼びます。あとで触れますが〝目的に沿って考える〟ことです。

洗い流すべきは、目的につながらない、無意味な妄想です。たとえば、

○思い出しても不快なだけの過去を思い出す。
○「悪いことが起こるかも」と想像して、不安になったり、緊張したりする。
○雑念（音や映像や言葉など）がアタマに漂って、集中できない。
○自分は嫌われている・孤独だ・価値のない人間だと、自分を判断してしまう。

なぜ人は妄想するのか——簡単だからです。ほとんどエネルギーが要らない。「ヒマだなあ」と思ったその瞬間に、妄想が浮かぶのです。

ところが、その妄想が苦しみを運んでくるのです。

というのも、塵のような妄想も、降り積もれば山となります。ヒマつぶしの妄想が習慣に変わります。妄想が妄想を呼び、数珠つなぎになってアタマを占領するのです。

ひとつの妄想が刺激になって、別の妄想や感情（いわば二次反応）が生まれることもあります。たとえば過去を思い出すと、つらい感情がよみがえる。「あの過去、あの人がいたから、私はこうなった」と、過去を理由にして、みずから怒りに占領される人もいます。

未来を妄想すると、体が動かなくなります。不安や緊張、「失敗したらどうしよう」「だったら最初からしないほうがいい」と、最初からあきらめようとも考えます。

意味のない妄想は、「心の病気」のようなものです。ひとりで沈鬱な表情をしていたり、見るからに不機嫌そうな人を見かけることがありますよね。その人の心に起きているのは、妄想という名の病気なのです。

「このままでいいのだろうか？」と自問すること。**「これは、どういう心の状態だ？」**と考えること。**「これって妄想？」**と気づくことが、第一歩になります。

妄想という病を根っこから治療する技術は、次の章でまとめます。まずは「気づいて止める」練習を始めましょう。

「あ！　今、妄想していた」

「これって、妄想かも」

「たしかに妄想だ。だって、今自分がしているのは、まったく別のことだから」

そして、事実確認に戻るのです。今自分は何をしているか――立っている。歩いている。呼吸している。作業をしている！――クリアですね。

周りを見渡せば、みんな頑張って生きています。「ああ、自分が妄想していたんだな」と気づいて、安心してください。

妄想を自覚できれば、ネガティブな思い込みや雑念から、ポンと抜け出せるようになります。妄想が減れば、苦悩も減ります。

「意外と世界は明るかった、広かった」と、目が開かれるかもしれません。だからこそ練習するのです。

貪欲

求めすぎる心に歯止めをかけよう。
でないと、心は渇き続ける。

貪欲とは、過剰な欲求に駆られた心の状態です。期待しすぎ、求めすぎ。「もっと多く」「もっと早く」「あれもこれも手に入れたい」「あの人にもっとこうしてもらいたい」という欲求に駆られて、不満を感じたり、焦ったりしている――そんな状態です。

何かに不満があるということは、ほぼ確実に貪欲です。「求めすぎている」のです。

興味深いのは、**貪欲は妄想によって作られる**ことです。

たとえば、過去を妄想すると、心の餓え（不満や淋しさ）がよみがえることがあります。親の愛情に恵まれなかった人は、その記憶（妄想）が残っているので、「私は愛されていない、もっと愛情が欲しい」と自己主張します。

これが、周りの人には「押しが強い」「わがまま」「ガツガツしている」性格に映ります。なぜかといえば、本人が過去を妄想して、当時の満たされなさを思い出しているから――過去（という妄想）が作る貪欲に駆られているからです。

過去と関係なく、なくても困らない妄想を求めてしまう貪欲もあります。モノや地位や他人の賞讃を求めてやまない精神状態です。いわゆる物欲や承認欲――これらは、「あったらいいな」という妄想に始まる過剰な欲求です。

たとえば、この世の中は「高度消費社会」といわれます。「新商品」「新サービス」「もっと快適な生活を」と妄想させて「欲しい」と思わせれば、成功です。仏教的にいえば、妄想を欲しがらせて利益を上げるシステムです。

欲しいのは、モノに限りません。「これを手に入れれば、賞賛される」という妄想は、「もっと褒められたい、自分を見てほしい」という過剰な承認欲をもたらします。

人に注目されたい一心で、ＳＮＳを使ったり、「人も羨む成功」を上げようと頑張ったり――ただ、**それだけでは、心は満たされないはずです。というのも「承認される自分」というのは、妄想の満足でしかないからです。**

妄想は止まらない。欲求も止まらない。心は動き続けるもの――だから満たされることはありません。

それでも人は、自覚しないのです。どこまでも妄想を求め続ける。「承認される自分」を追いかける人の中には、歳を経るごとに頑固に横柄になり、勝ち負けにこだわり、立場や権力を使って、人を傷つけることに平気になる人さえいます。

貪欲は心の病気

人間は、中途半端にアタマが良いので、無駄に妄想します。その妄想が刺激となって、飽《あ》くなき欲求が回り出すのです。

しかし明らかにいえるのは、**貪欲に駆られても、満足で終わることはない**ということです。その理由は簡単で「妄想に際限はない」からです。

妄想は簡単だし、キリがない。歳を取っても妄想は止まらず、妄想すれば欲しくなる。「この次は?」「他にないか」「もっともっと」というパターンを繰り返すだけです。

これこそが、ブッダが伝えた〝苦しみの輪廻〟です。

でも、人はこの状態に気づきません。〝心を見る〟という発想も、その技術も知らないから、この不毛な姿を自覚できないのです。

道の者たちよ、病には二つの種類がある。一つは体の病であり、もう一つは心の病である。体なら百歳を超えてなお、病にかからぬ人はいる。しかし、心については、一瞬でも病にかからぬ人は、滅多にいない。心に汚れのない者は、ごくわずかである。

アングッタラ・ニカーヤ

それだけ貪欲は、身近な病気だということです。

「なぜ癒さないのか？　そのままでは自分も人も苦しみ続けるだけなのに」というのが、ブッダのメッセージです。

怒り

不快な感情は、心と体に影響する。怒りは、無駄な反応の最たるものだ。瞬時に停止しよう。

怒りとは、不快を感じている心の状態です。

怒りほど、身近な感情はありませんね。仕事や生活に追われて、イライラする。話が通じない相手に腹が立つ。理不尽な仕打ちに憤りを感じる——怒りなくして渡れる世間は、ありません。

多くの人は「怒りは良くない」とわかっています。しかし、そもそも怒りは〝感情〟であって〝思考〟より先に来ます（だから赤ちゃんでも怒ります）。

いくらアタマで「怒らないように」と考えても、その前に怒ってしまうものなのです。しかも、理不尽に満ちた世界です。「怒らない」ことが美徳だともいいきれません。

ならば、何が必要なのか。せめて無駄な怒りを〝早めに消す技術〟が必要です。自分を苦しめるだけの怒りを止めること。涼しい心を取り戻すことです。

まず「**怒りは役に立たない**」と覚えておきましょう。どんな理由があるにせよ、怒りだけなら、あまり役に立ちません。

「怒りをバネにして頑張る」という人もいますが、そもそも**頑張るとは「価値のある物事に専念する」**ことです。

怒りに専念することに、意味があるでしょうか。むしろ自分の幸せにつながること、そのために価値あることに専念することが、本当の「頑張る」ではないでしょうか。

だから、怒りに支配されてはいけないのです。怒りとは別に〝正しい思考〟を使えるようになりましょう。自分が何をなすべきか、きちんと答えを出せるように——本書後半に出てくる「立て直す」「越える」技術（第4・5章）を身に着けるのです。

三毒プラス「慢」にご用心

もうひとつ気をつけたいのは、〝**怒りを正当化する心の動き**〟です。

怒りを感じると、攻撃欲が生まれます。人の心には、原始的な攻撃本能が残っているので、攻撃することに快楽を感じます。だから、怒ると途端に元気になる人がいるのです。

さらに、怒りは承認欲ともつながっています。相手と衝突すると、「自分は正しい」と考えてしまうのです。「おかしいだろう」「バカじゃないか」「許せない」と、さまざまな言葉が〝起動〟します。こうした言葉（妄想）が、「自分は正しい」という思いを強化するのです。

仏教では**「自分が正しい、エライ、人より優れている」といった思いを〝慢《まん》〟と呼びます。承認欲が作り出す、自分に都合のいい妄想**のことです。

傲慢、高慢、プライド、虚栄心、優越感、差別意識といったものは、慢に当たります。人を批判したり、悪口を言ったり、ケチをつけたり……一見それらしい理由を並べ立てますが、その心に動いているのは、「自分は正しい」という思い――慢という名の妄想なのです。

慢は、攻撃欲と承認欲を満たす快楽を伴います。だからほとんどの人の心には、慢が潜んでいます。これが人を傷つけ、また自分自身も不満に閉ざされるという苦しみをもたらすのです。厄介な心の病気のひとつです。

「妄想」と他の「心の汚れ」との関係

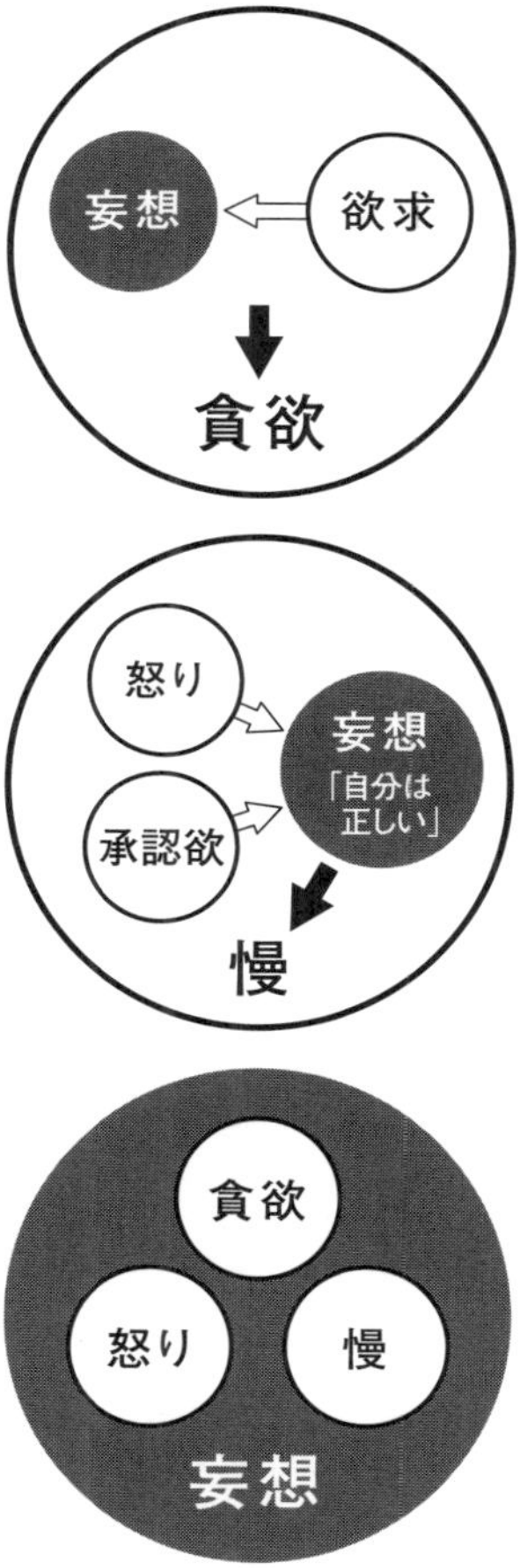

妄想に欲求で
反応すると
「貪欲」になる

怒り または 承認欲
が作る妄想が「慢」

妄想は
心の汚れを作る
温床

結局は「妄想を消せるか」次第

ここでも、妄想が出てきましたね。妄想は本当に根が深くて、多岐にわたります。妄想が欲求を作り出す。現状に満足できなくなる。生きているというありがたさに気づけなくなる。

妄想が慢を作り出す。自分が正しいと思いたいばかりに、人を貶めたり、比べたり、やっかんだり、勝って調子に乗ったり、負けて卑屈になったりする。

妄想が過去をつれてくる。過去の怒りや挫折、後悔といった思いに囚われる。

そうして妄想に占領されるから、心が重くなっていく。人への悪意や孤独が募っていく――。

想像してみてください。もし妄想が一掃されたら、どんな心境になるだろうかと。

はて、足りないものは、何だったか?――何もない。

はて、自分を否定する理由はあったか?――特にない。

はて、焦る必要はあったのか？——今できることに最善を尽くす。それしかない。
はて、相手に何を怒っていたのか？——これからどう関わるかを考えよう。

それだけのシンプルな心境になります。そんなに考えなくても生きていけるし、怒る必要もない。ムダな反応を止めて、なるべくクリーンな心で今日を生きればいい——そう思えてきます。

となると、真っ先に取り組むべきは、妄想を消すことです。妄想が消えれば、それに合わせて、貪欲も怒りも薄らいでいきます。

心の状態を見る。妄想があると知る。止める——。

これが、この章で得た最初の技術です。しっかり練習していきましょう
これは、心を持つすべての人が、一生かけて身に着けていくべきものです。さながら大地を踏みしめるように、なんども実践して「心の土台」として固めていくのです。

心を見つめるほど、強くなれる

心の動きを見る――その大切さを物語るエピソードを、紹介しましょう。

ある五〇代の女性は、親の過干渉と言葉の暴力によって、幼い頃から傷つけられてきました。勉強に励んで国立大学の医学部に進み、医師になりましたが、親の期待に及ばなかったということで、喜んでもらえませんでした。

積み重なった怒りと復讐心に駆られて、大人になっても、戦いを挑むかのように人と関わってきました。心許せる相手が見つからず、ずっと孤独の中にいたのです。

「もう人生に疲れました。なぜ私の周りは、敵ばかりなのでしょうか」と嘆きます。

周りに敵が多いのは、「敵」側の事情もあります。医師というのは、異常にプライドの高い人が多いそうです。彼女は女性で、しかも「戦闘モード」で向き合ってしまうクセもある。当然「敵」は増えます。

心を止める基本は、「心の状態を理解する」こと。過去をさかのぼると、いっそうよく見えてきます。

「心の履歴を振り返ってみてください」と女性に伝えました。**心の履歴――つまり、なるべく昔にさかのぼって、①客観的な出来事と、②その当時の反応とを、理解していくのです。**

心の履歴を振り返る

自分の年表を作るつもりで、生まれた年から、今までの出来事を振り返ります。最初は、思い出せるところから、箇条書き程度でかまいません。

①年齢をタテ（時系列）に並べます。それに合わせて、すぐ思い出せる主な出来事を書き出します。「○歳○月、○○校に入学」など。

②「あの年の○月は、何をしていただろう」と、記憶をたどります。「どこに行った」「こんなことがあった」と、思い出せる出来事を書いていきます。思い出せなくても、かまいません。「思い出そう」とする（客観的に理解しようとする）心の使い方が意味を持つのです。

③そのときの自分の反応を思い出します。感情は？　考えたことは？　何をしてほしかったのか？などを書きます。

④ある程度思い出したら、当時の自分の反応をラベリングします。

大事なことは、**「客観的な事実」と「反応」とを分けるつもりで書く**ことです。「こんなことがあった。こう感じた」――思い出しながら、怒りが湧いたり、憂鬱になったりしたら、その感情をラベリングしてください。「怒り」「悲しみ」「わかってほしかった」「期待していた」「苦痛だった」など。

ラベリングの目的は、〝**当時の自分の反応を客観的に理解するため**〟です。いわば、過去の反応を客観視して「自分の外に出す」ための作業です。

もし怒りやつらさに呑まれそうになったら、止めてかまいません。「まだ反応しているんだ（残っているんだ）」と気づく程度に留めてください。

人によっては「怒ってはいけない」「泣いてはいけない」と頑張ってしまうようですが、過去を振り返る過程では、遠慮する必要はありません。怒りが湧いてきたら、その怒りの感情を書くだけ書いて、「まだこんなに怒りが残っていたんだ」と、客観的に眺めるほうが、前に進めます。

涙が止まらなくなったら、止まるまで泣いてください。心に残っていた（結生した）思いというのは、外に出すまで、収まらないものなのです。

あまりに激しくよみがえってくるようなら、小休止——そこで休んでください。それでも、心を見ることを恐れないこと——よみがえってくる思いに気づくことは、理解して浄化していくプロセスに、必要なことなのです。

ちなみに私自身、海外で修行したときに、心の履歴を振り返る作業に、延々と取り組んだことがあります。過去の思いが、数珠つなぎによみがえってきます。それが、かなりつらいのです。

ただ、目を背けても、心の奥にある思いは、ごまかせません。いくら忘れたフリをしても、さながらパソコンがバックグラウンドで作動しているかのように、心は反応し続けているのです。

だから多くの人が、歳を重ねても、毎日を忙しく過ごしていても、心が何かに囚われているように感じるのです。どこか縛られている気がする。重く感じる。ぼんやりと靄《もや》が懸かっているかのように、生きている実感が持てない——そんな心境にあるのです。

生きている実感を取り戻すことは、可能です。心を汚している反応の一つひとつを、洗いざらい取り出して、「こんな思いがあった」と客観的に確認する側に回ることなのです。

「過去はそうだったが、今は別」「最近思い出さなくなった」「今は快適」と思えるようになれば、過去を卒業したということです。

――過去を〝理解する〟ことは、容易ではありません。その女性も苦労しているようでした。

しばらくして、こんな連絡をくれました――何かと難癖をつけたがる年配の男性医師がいる。この間、ある場所で同席したとき、またこちらの仕事にケチをつけてきた。これまでの自分なら、激怒するか、無視するかだった。今回は、「自分は不快を感じている」ことに気づいた。逆に近づいてこう言った。

「改善のヒントにしたいので、お考えを聞かせてくださいませんか」

その男性医師は面くらいながらも、「いや、強いていうなら、こういうところにも着目したほうが……」と言葉を返してきたとか。

いつもの戦闘モードではなく、大人の対応ができたと言います。

本人は「過去を振り返るのはつらい。なかなか進まない」とこぼしつつも、心は前に進んでいたのです。

心の履歴を振り返り、客観視しようと努めることで、心の状態が〝反応モード〟から〝理解モード〟へと変わっていったのでしょう。劇的な変化でした。

「心を止められる人」こそ自由自在

すでに見えてきたこと——人生が思い通りに運ばないのは、〝心がクリーンではないから〟ということ。但し、どんな心の汚れも、貪欲・怒り・妄想という三つの反応にすぎません。

心の反応は、理解すれば止まります。理解する手法が、ラベリングであり、心の履歴を振り返ることです。

これらの技術は、実はすべて、ブッダの瞑想（サティまたはヴィパッサナーといいます）で使うものです。もちろん私自身も、不眠不休で駆使して、巨大な苦しみと闘い抜いた時代があります。

だから、この本でお伝えする技術は、ただの理屈（教科書的説明）ではなく、私自身が経験して、「この方法ならば、どんな人の心にも効く」と思えるものを、徹底して論理的に表現したものです。

人は、心をコントロールできません。正確にいえば、コントロールできるのだけど、その技術を知らないがゆえに、無駄なことを考えて、毎日心を汚しているのです。

〝こころを洗う技術〟を知らないがゆえに、そう生きるしかないのです。

まずは、心の動きに気づくこと。「心を見なければ始まらない」――そう考えてください。そしてブッダの教えを活かして、心を理解する技術を磨いていくことです。これが、暴走しがちな心を止める唯一の方法です。

心の動きが止まれば、汚れた水が透き通っていくように、心がクリーンになっていきます。その心境自体が快適だし、大切なことにだけ、心を注ぐことができます。

それがどれほど幸福なことか、ぜひこれからの人生で体験してください。

手に入れたいと思うものが生じると、
なんでもなかったものが、欲望となって心を突き動かし、
人を苦しみに陥れる。壊れた舟に水が入ってくるように。

欲望について　スッタニパータ

心という舟から水を汲み出せ。
そうすれば、舟は軽やかに進むであろう。
貪りと怒りと妄想を掻き出したならば、心は自由の境地へと軽やかに赴くであろう。

道の者について　ダンマパダ

CHAPTER 2

削ぎ落とす
SHAPE

日々の反応は、塵や埃のように
溜まっていく。心の汚れを巧みに落として、
本来の力を取り戻せ。

いざ実践！　仏教式メンタル・クリーニング

日々溜まっていく〝心の汚れ〟は、早めに止めるに限ります（第一章）。止めた上で〝削ぎ落とす〟作業に入ります――あたかも木彫家が鋭利な刀で木片を切り落としていくように、心の汚れもスパリと切って捨てるのです。正直私たちは、要らない思いを抱えすぎてはいないでしょうか。

この章は、きわめて重要な意味を持ちます。第一章の「止める」とあわせて、古来、坐禅、瞑想、マインドフルネスと呼ばれてきた〝心を浄化する方法〟の全体像を明らかにする章だからです。

この先は、きわめて実践的な内容になります。「心を洗う道場」に入ったつもりで、実際に体験しながら、読み進めてください――。

「心の根っこ」を知っていますか？

まず、心の根底に何があるのかを、確認しましょう。

椅子に座って、両足の上に手を置き、目を閉じてください。

目の前の暗がりをじっと見つめます。頭を動かさず、目（眼球）だけを使って、右、左、と四方八方をきょろきょろと見渡します。

今度は、目を閉じたまま、周囲の気配を感じ取ります。誰かがいる気配、空調や時計の音など、いろんなものが〝在《あ》る〟とわかるはずです。

目を閉じたまま、両足の上に置いた手に視線を向けます。暗がりの中に「手の感覚が在る」ことがわかりますね。しっかり（目をつむったまま）そこにある手の感覚を、モノを見るように見つめてください。

そして「この手を持ち上げよう」と意識します。でも実際には止めたままです。手は動かさない状態で「この手を動かそう」とだけ意識します。

——はい、ここまで使っていたのは、何でしょうか。それが〝意識〟です。

「暗がりを見る」「外の気配を感じる」「手の感覚を見つめる」「手を持ち上げようと意識する」——すべて、意識だけを使っている状態です。

目を閉じてなお、暗がりの中で動いているもの。「わたし」の真ん中・奥底で働いているもの。**何かに反応しようとしている、考えようとしている——このエネルギーが〝意識〟です。**「心を見る」の箇所（第一章）で触れましたね。

この〝意識〟が、日頃の反応を生み出す「元手」（エネルギー源）になります。外の刺激に触れて、「感覚」を感じたり、「欲求」を覚えたり、「思考」を作ったりします。

こうした反応が、自分にとって価値あるものなら、問題ありません。ただ人は、意識の使い方をよく知らないために、無駄な反応に使ってしまいます。

その結果生まれるのが、「三毒」つまり貪欲と怒りと妄想です。このうち二つ、つまり承認欲と妄想が結びつくと、〝慢〟——自分は正しい・他人より価値があるという判断——が生み出されます。

私たちの日常のストレスや、人間関係をめぐる悩みは、ほぼこれら四つでできているといっても、過言ではありません。

こうした反応を防ぐには、心の動きを理解すること――まずは言葉で確認して、心の動きを止められるように、というのが、先に学んだことでした。

では止めた後は、どうするか。そう〝削ぎ落とす〟のです。切って捨てる。

どうやって？　心に湧いた感情や、刻み込まれた記憶を、どうすれば消せるのか？

ブッダが伝えた方法は、ただひとつです。やっぱり〝理解する〟ことなのです（！）。

意識というエネルギーを、さらに細かく〝理解する〟ことに使いなさい――。

それが、ブッダのメッセージです。「言葉で確認する」以上に、もっと繊細に、細やかに「在ると理解する」――これができれば、心が磨かれて、日常で見える景色が、根底から変わる可能性さえ出てきます。一歩踏み込んで、解説しましょう。

「最高の洗浄力」で人生をリフレッシュ！

まず〝理解する〟という言葉の仏教的な意味を、明確に定義しておきましょう。

〝理解する〟とは、「在る」ものを「在る」と知ることです。

事実として、在るものは在る、無いものは無い、とだけ認識する。
反応しない。解釈しない（考えない）。ただ「知っている」knowing as it is――。

この心の使い方を〝理解する〟と表現します。意味は、これで確定です。

先ほど確認した「周囲の気配を感じる」というのは、「在る」と知っていますが、反応していませんね。目を閉じて、「手の感覚がここに在る」と確認するのも、ただ理解している状態です。

目の前に果物が置いてあったら、「在る」と知る。「見えている」のはわかる。それ以上に「どんな果物？」「どんな味がするだろう？」「おいしそう」といった反応に踏み込まない。この〝知るだけに留まる〟心がけを〝理解する〟と表現します。

こうした意識の使い方を、ブッダは〝**サティ**〟sati; awareness, mindfulness と呼びました。「気づき」や「正念」とも訳されています。

心を清浄にするため、心の憂いや悲しみ、その他の苦悩を解きほぐして、自由な境地に達するために、サティ（気づき）は、ただひとつの道である。

気づきについて　大念処経　ディーガ・ニカーヤ

——単純すぎる言葉ですが、サティという言葉の意味を実感していくのは、今後のあなたの実践次第です。日頃の心の状態に応じて、またサティの強さや活かし方次第で、「これがサティというものか」という実感は、無限に変わっていきます。

サティが、どれほどの力を持つか、いくら強調しても足りません。

もしサティ——理解するという心の使い方——を窮《きわ》めたら、何が起こるか？

一切の心の汚れが吹っ飛びます。古くは〝悟り〟と呼びますが、その意味のひとつは〝理解を窮めて、すべての苦悩から解放された心境〟のことです。

サティをどこまで窮めるかは、人それぞれです（あえてお伝えしておくと、サティを窮めることは、容易ではありません）。

ただ確実にいえるのは、**困難に満ちた現実を越えてゆくには〝理解する力〟が欠かせない**ということです。

あれこれ思い悩むだけでは、足りません。というのも、いくら考えても、頑張っても、闘っても、それらはすべて「反応」です。その反応こそが、日頃の怒りや、重たい過去や、未来への不安を運んできます。自分の性格さえも〝反応のクセ〟です。

こうした反応を克服できないなら、新たな悩みは必ず出てきます。すでに抱えた苦しみも残っています。こんな汚れた心境でいくらアタマを使っても、本当の解決策が見えてくるはずはないのです。

だからこそ、発想を入れ替えるのです。**「ともかく、理解する力がないと始まらない！」**と目を覚ますこと。理解する力を育てるために、サティを実践するのです。

「反応する心」と「理解する心」の違い

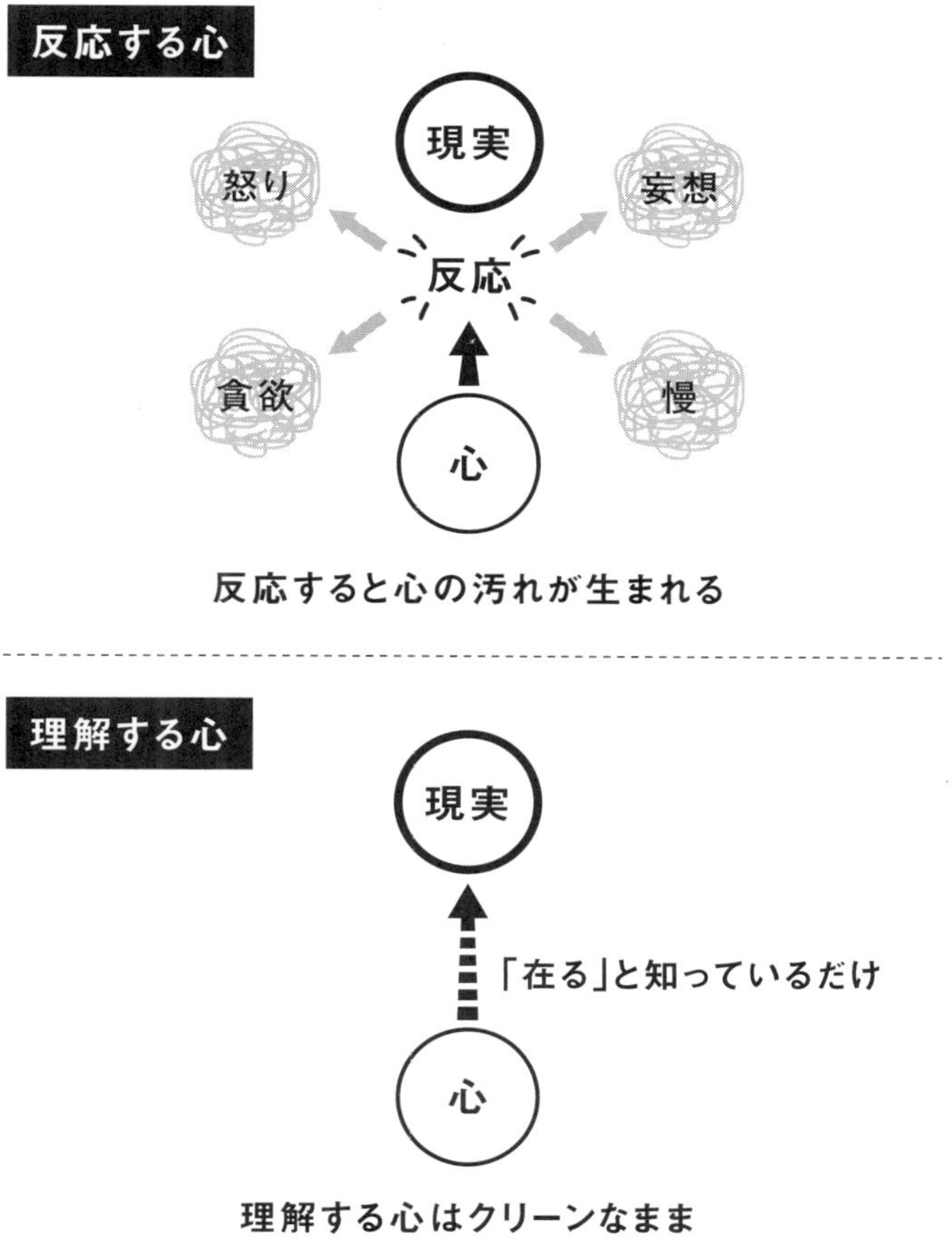

サティで心を磨けば、クリアに見え始める

サティを実践すると、心がよく理解できる（見える）ようになります。と同時に、反応が止まり、やがて消えていきます（なお、ラベリングとの関係は、のちほど出てきます）。

複雑な心の動きを見つめて、その反応を一つずつ精密に「在る」ものを「在る」と理解する。サティを働かせる。反応が止まる。そして〝消える〟のです。

このプロセスを体験していくのが、いわゆる瞑想であり、坐禅です。

サティを鍛える代表的な練習方法を、まとめておきましょう——。

手を使うサティ

●目を閉じて、手のひらに視線を向ける――「手の感覚が在る」と理解する。
●手をぎゅっと握る・ぱっと開く――目を閉じたまま、手を見つめて「握った感覚が在る」「開いた感覚が在る」と理解する。
●手を持ち上げる・下げる――肩の高さまで「上がっていく」、そして「下がっていく」手の感覚を、目を閉じたまま追いかける。「在る、在る、在る」と理解する。

呼吸を使うサティ

●基本は、座って行う（坐る瞑想・坐禅と呼ぶ）が、姿勢は問わない。寝ながらでもOK。
●呼吸している間の「鼻先（鼻孔）」または「腹部のふくらみ・ちぢみ」に、目を閉じたまま、視線（意識）を向ける。「吸っているときの感覚」「吐いているときの感覚」が「ここに在る」と理解する。

●集中力が弱ければ、腹筋を使って、小刻みに速く。心が落ち着かないときは、大きくゆったりと意図的に呼吸する。

――この間、反応に流されないために、ラベリングを用いる。たとえば、

●腹部がふくらみきるまでを「吸っている」、ちぢみきるまでを「吐いている」と確認する。「ふくらみ、ちぢみ」もＯＫ。

●もっと小刻みに「吸う、吸う、吸う」「吐く、吐く、吐く」と確認する。ふくらみの始めを「一」、ふくらみの終わりを「五」（または十）として、一呼吸を小刻みに数える方法もある。

●ふくらみを「一」、吐くを「二」と数えて、十まで、百まで、千までと、自分でゴールを決めて数え続けてもよい。

立つサティ

- 立った状態で、目を閉じて、全身の感覚に視線（意識）を向ける――頭から足の裏まで、感覚の一つひとつを「ここに在る」と確認していく。
- 「体が揺れる感覚」も、注意深く観察する。
- 足の裏に視線を向ける――「ここに足の裏の感覚が在る」と理解する。
- その場で足踏みする――足の裏の「重さ」が変化する様子を観察する。「軽くなっていく感覚」「重くなっていく感覚」をよく見る。

歩くサティ

- 歩きながら、足の裏の感覚に意識を向ける――「足の裏」をメインにすえるのは、意識を集中させるほうが、心を浄化する上で効果的なため。目を閉じるほうがよいが、ふらつくなら薄目を開けてよい。

●「上げている」「運んでいる」「下げている（地に足をつける）」とラベリングしつつ、変化する足の裏の感覚を観察する。
●ラベリングは工夫してよい。シンプルに「歩いている、歩いている」。右足と左足を交互にラベリングして「右、左、右」。さらに細かく「上げている」「運んでいる」「下げている」――ミャンマーの瞑想道場では、この3ステップが基本です。
●7ステップで小刻みにサティを入れる方法もある――上げる・（床から）離す・運ぶ・下げる・（床に）つける・（重心を）移す・（重心が完全に）乗る。

――歩くサティの速さは、工夫してかまいません。雑念が多ければ、歩く速度を上げるか、「7ステップ」で歩く手もあります。

7ステップの場合は、「乗る」の後、すぐ後ろの足を「上げる」ステップに移ること。妄想が入るスキを作らないように、連続させることが、ポイントです。

超ゆっくり歩くサティもあります。東南アジアの仏教国での瞑想（ヴィパッサナー）では、一歩に最低十秒はかけるくらいのスローな動きで行います。ふだん見逃している感覚を観察することで、注意力を上げるためです。

「ダブルの実践」が心に効く！

こうしたサティの実践を、「行き帰りの時間」や「休憩時間」「寝る前に三十分」など、自分なりのルールを決めて進めていきます。

「決めた時間内は、サティを続ける。途中でやめない」ことが、意味を持ちます。心の状態を〝反応モード〟から〝理解モード〟に切り替えるには、一定の時間が必要だからです。

「座ると眠くなる」人は、「体を動かすサティ」をメインにすえましょう。移動中は、歩くサティを。駅のホームに立っているときは、大地を踏みしめ、立つサティを。筋トレ中は、「筋肉」に意識を向けます。

最近は「時間があればスマホ」が定番ですが、これに慣れてしまうと、ただ反応に流される〝汚れが溜まりやすい心〟になっていく恐れがあります。

心をクリアに、切れ味よくしたければ、一日に何度か、反応を意図的に遮断して〝どこまで感覚に集中できるか〟にチャレンジすることです。

「ラベリングと何が違うの？」という人へ——ラベリングとサティは、いずれも「理解する力」を育てる方法です。

ラベリングは、心と体の動きを、大まかに客観的に確認する方法です。
サティは、いっそう細かく、瞬間瞬間に「在る」と察知する方法です。

この二つは、車の両輪みたいなものです。二つを回して（実践して）、〝理解する力〟を鍛えていきます。すると、無駄な反応が止まり、心の汚れが消えてゆき、クリーンな状態に変わっていくという道のりです。

もちろん、すぐ心が変わるとは限りません。ほとんどの人は〝反応モード全開〟で生きてきました。だから最初はみんなうまくいきません。「全然ダメ、向いてないかも」と自己嫌悪（妄想）するかもしれません。

ただそれは、みんなが通る道です。「ダメだ」「無理だ」と結論づけても、過去の自分に戻るだけです。しかしこの先の目的は、心をクリーンにすることです。だからぜひ焦らないように——心が洗われる可能性を、楽しみに待ちましょう。

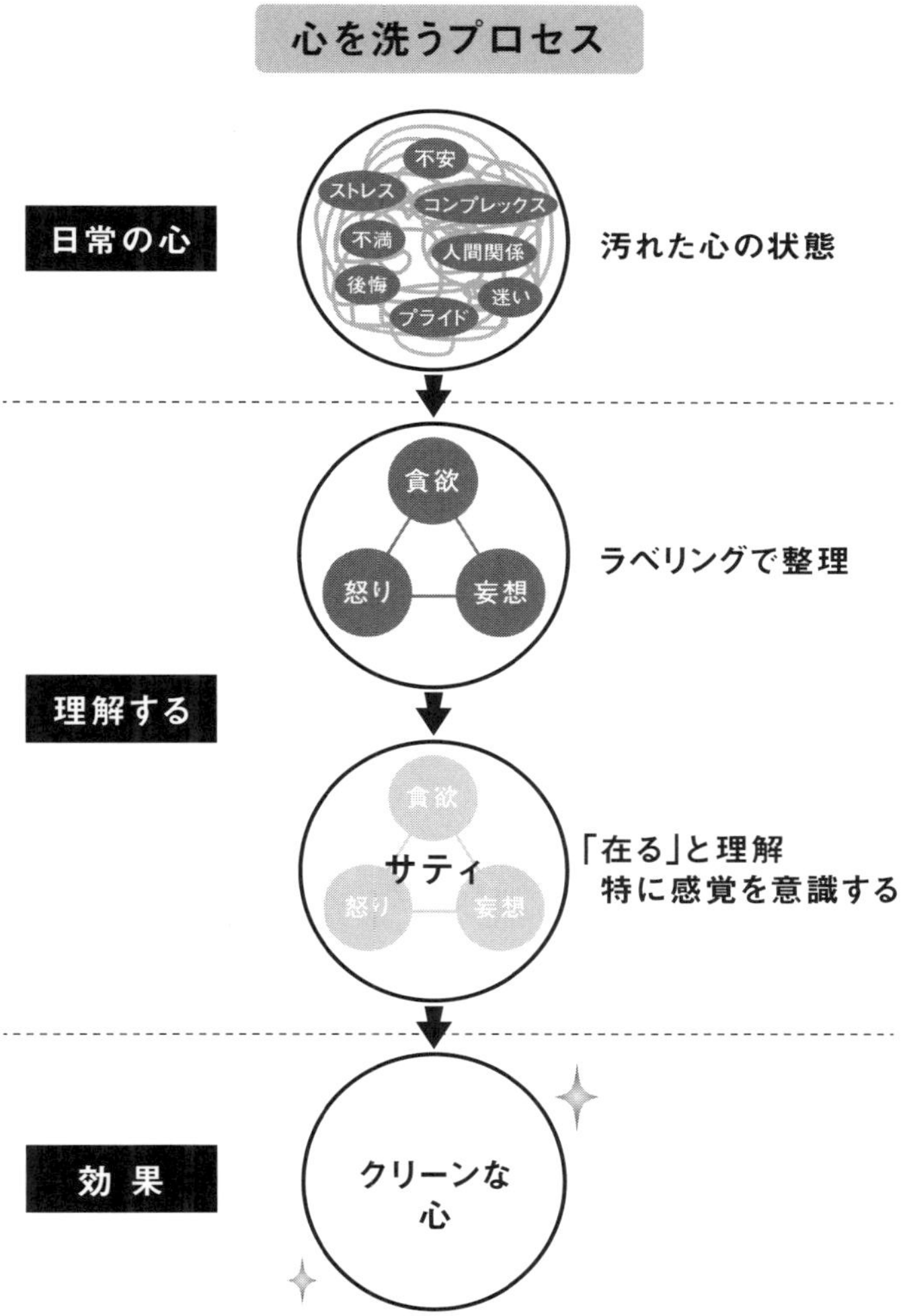
心を洗うプロセス
日常の心
不安
ストレス
コンプレックス
不満
人間関係
後悔
迷い
プライド
汚れた心の状態
貪欲
怒り
妄想
ラベリングで整理
理解する
貪欲
サティ
怒り
妄想
「在る」と理解
特に感覚を意識する
効果
クリーンな
心

やるか、やらないか――やるしかない！

サティを実践すると、その人が抱えている〝人生の課題〟が見えてくることがあります。これが、サティの面白い（試す価値がある）ところ、まさに修行です。

たとえば「サティが難しい」と感じる人は、「執着が強い」傾向があります。

ここで執着とは、本人が望む・望まないに関係なく、「ずっと続いている心の状態」のことを言います（第一章で触れましたね）。
①考え込む（理屈っぽい）人や、②過去や誰かのことを吹っ切れていない（心の片隅で考え続けている）人は、「執着が強い」人です。
こうした執着をほどくには、サティを使って〝心の状態を変える〟ことです。

考え込むクセを直し、わだかまりを吹っ切るコツを、まとめておきましょう――。

考え込む人は「体でほぐす」

考え込む人は、体の感覚より「思考」に意識を使いたがります。

もちろん考えることも必要ですが、「思考ばかり」だと、融通が利かなかったり、新しい環境や人間関係に適応しづらかったりと苦労しますよね。正直、本人も気難しい自分に「飽きている」かもしれません。

そこで「感覚」にサティを働かせて、思考に囚われた心の状態を変える時間を作ることになります。しかし、ここで考え込む人の特徴が出ます。「感覚がわからない」と語るのです。「歩きながらも、足の裏の感覚がわからない。アタマだけで、上げている、運んでいる、と言っている気がする」と言います。まだ思考に執着している（精神状態が変わっていない）からです。

そこで「もっと体を動かすサティ」に挑戦することになります。スポーツとか、筋トレとか、いっそエアロビダンスとか。**考えているヒマがないくらいに、体の可動域をフルに使って、思考を離れることにチャレンジする**のです。

一説には、ヨガや中国発祥の武術も、ブッダが発見した〝サティ〟を鍛えるバリエーション（派生形）だといいます。「サティを働かせる」という本質を忘れなければ、いろんな工夫が可能になるのです。

吹っ切りたい人は「いっそ潔く認めてしまう」

次にほぐしたいのは、**吹っ切れていない人**の心です。過去の出来事や誰かのことを、心の片隅でいつも考えている。そんな人は、どうすればラクになれるでしょうか。

不思議なことに、**何かわだかまりを抱えている人は、坐るサティをやると、すぐ眠くなります**。この傾向は、驚くほど共通しています。

「集中力が弱いから」と、本人は考えます。しかし、**もっと本質的な理由は、「理解したくない」のです**。過去がある。手放せない思いがある。いろんな感情が、こんがらがって、自分でもよくわからなくなっている——。

そうした混乱を見つめるのは、正直めんどくさいのです。だから心が「眠りなさい」と指令を出すのです（カクッ……）。

吹っ切れていない思いを直視するのは、つらいものです。解きほぐすには、時間もかかります。でもそのわだかまり（執着）を卒業しないと、曇った心は、いつまでも晴れません。

しかもそのままでは、クセになった反応――イライラ、くよくよ、現実逃避や注意力散漫といった心の状態――が続きます。心（意識）をフルに使いきれません。

結果的に、やることなすことすべてが、チグハグというか、ズレた感じがします。「わたし、何やってるんだろう？」という思いが拭えません。

正解をいえば、どんなわだかまりがあろうと「在ると理解する」以上の解決策はありません。まずは「**心がまだ引っかかっているんだな**」と、いさぎよく自覚してください。

そもそも執着は、反応の残り滓《かす》にすぎません。これは心の状態であって、形あるものではありません。「在る」と理解すれば、消えてゆくものなのです。

「自由な心」と「不自由な心」

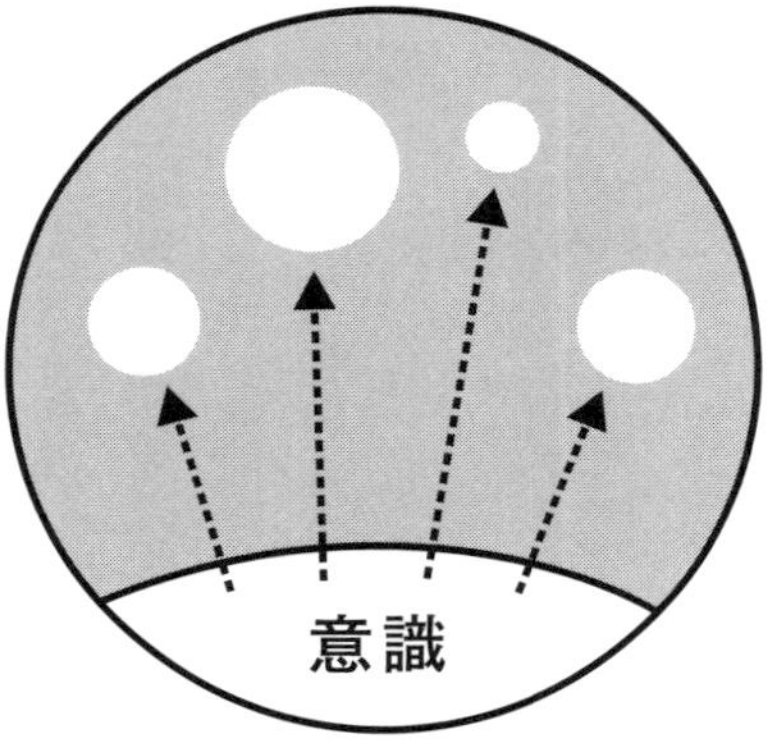

心は本来「自由自在」

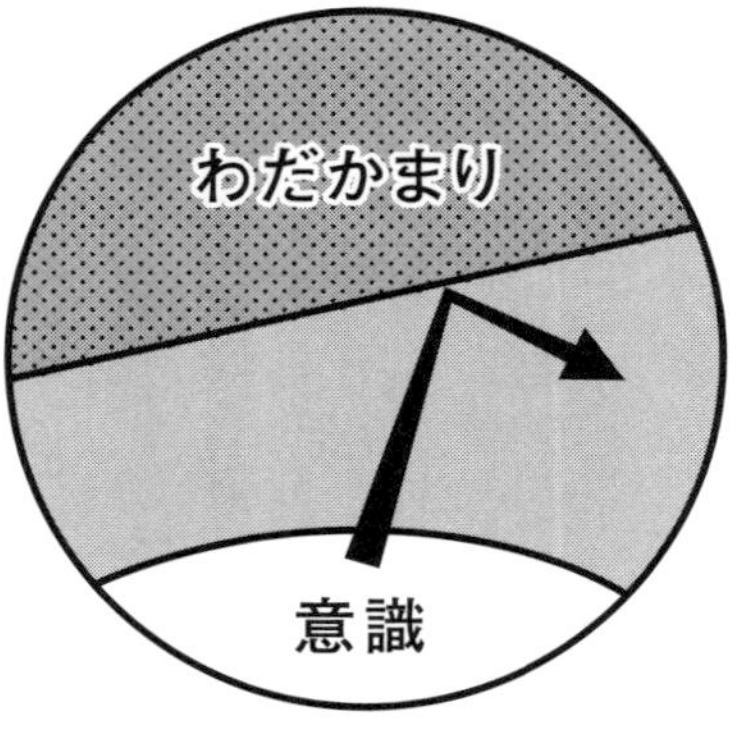

避けると意識が制限される

「過去」も「誰か」も、アタマに残っている妄想です。胸が疼《うず》くのは、妄想に反応しているだけ。「こうなってほしかった」という期待や願いも、妄想です。

心に残るわだかまりの一切は、結局は、妄想なのです。妄想に執着している（同じ精神状態が続いている）ということ。そう理解して、心の状態を変えていけばいいのです。

妄想という状態を洗い流せば、心は新しい状態に変わります。気分が変わる。新しい人生が始まる。その可能性を選び取るのです。

目を閉じて「感覚が在る」と理解する。心を静めていくと、やっぱり「過去」や「その人」や、封印していた感情が蘇ってきます。そのときが勝負です。

そのときに「反応せずに、ただ理解する」――**「まだ反応している」「こんな思いが残っていたんだ」「でも、ぜんぶ妄想なんだ」「執着という、ただの心の状態なんだ」と、思い直していくのです。何度でも。**

わだかまりの原因だった〝何か〟に反応しなくなったら、「卒業」です。

過去は過去。人は人。わたしはわたし。今は今――よく言われる言葉ですが、その真意は「反応しなくなる」ことです。

まだ時間は残されています。新しい心をめざして、サティ（理解）に努めましょう。

「机をひと拭き」するだけで

日本に伝わる〝禅〟は、ブッダが発見した〝サティ〟を、日常作業にまで広げて、「日々の務めの中で心を洗う」スタイルへと拡大したものです。

たとえば、**お米を洗う**ときは、目を閉じて、水の冷たさ、米粒の感触を〝見る〟のです。感覚だけに専心して、妄想を交えない。すると、米を洗うだけで、心が洗われます。

食を作るときは、自らの心の内を隅々まで見つめるように、心を尽くして行いなさい。おのずと、最良の食が生まれる。

【原文】食《じき》を造るの時、須《すべか》らく親《した》しく自ら照顧《しょうこ》すべく、自然《じねん》に精潔《しょうけつ》ならん。

禅苑清規《ぜんねんしんぎ》　道元『典座教訓《てんぞきょうくん》』の一節

食べるときも、心尽くして――サティを最大限働かせて――食べます。

「今から食事します」（いただきます）と、ラベリング。目を閉じて、手の感覚を確かめる。「動かそう」と意識する。箸・スプーンを持った手を動かす。もう片手で器を持つ。食べ物を口元に運ぶ。

その動作の一つひとつを、よく見ながら（できれば目を閉じて、感覚だけを観察しながら）行う。

口に入れた食べ物の触感、味わい、温もりを、目を閉じて見つめる。「おいしい」「ありがたい」と意味づけるのは、善し。

呑み込んで、味が消えたら、次の一食《いっしょく》に移る――。

これ、ふだんの生活では、なかなか難しい修行です（変わった人だと思われるかも）。ただ、せめて「よく味わう」（サティを働かせて食べる）時間を作りましょう。妄想するのではなく、食べるという営みに集中すること。これだけでも、心はかなり浄化されます。

机を拭くことさえも、心洗いに使えます。机の上に手を置いて、目を閉じて、手の感覚を見つめてください。**暗がりがあって、手の感覚があって、妄想がない――その状態を保ったまま「ひと拭き」してください。**

その間妄想が湧かなければ、クリアな心の状態でいたということ。「妄想を拭き取った」ということです。

私たちが日頃やっていることは、体を使った「作業」が、ほとんどです。**パソコンを操作する**ときさえ、手を使っています。その作業の直前に、または途中で、目を閉じて、暗がりと指の感覚だけが見えるかを、確認してください。

「感覚が在る」。その上で「思考モードに入る」。きっちり意識を使い分けるのです。心（意識）を何に使っているかを、しっかり自覚できること。これだけでも、かなり明晰《めいせき》な（シャープでクリアな）心が、手に入ります。

感覚で心をクリーンに

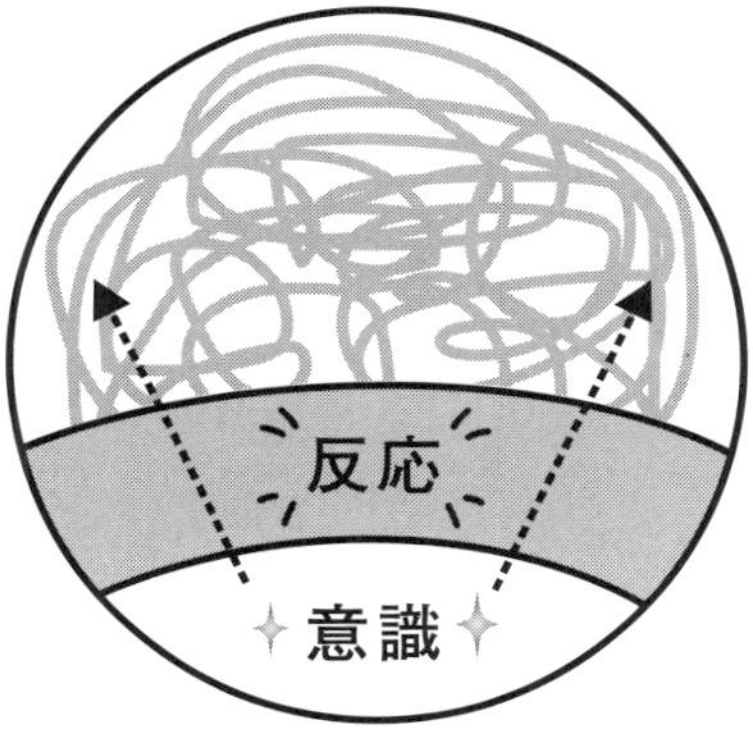

意識を「反応」に使うと心が汚れる

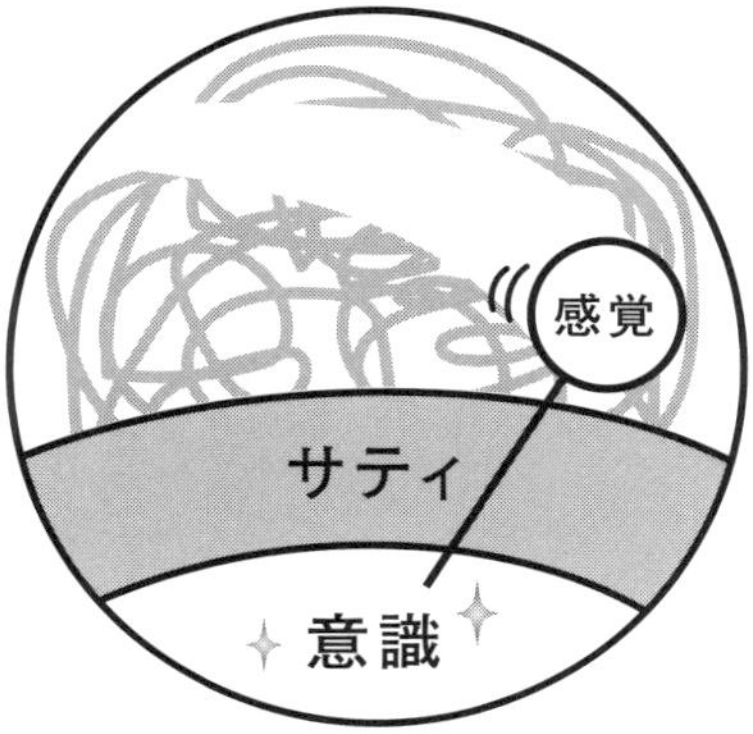

意識を「感覚」に使って汚れを拭き取る

心は生まれつきクリーンなもの

人は、物心ついた頃から、何かを考えています。悲しいこと、腹立たしいこと、不安なこと、寂しいこと。ときに「どうして自分は、こんな人生なのだろう」「なんのために生きているのだろう」と、思い悩むこともあります。

生きる意味は、人の数だけあります。「生きてみる」だけでも十分な意味だと、私は思います。

ただ、**ひとつ確実に正しい——めざして間違いない——人生の目的があります。**

それは〝心の苦しみを越える〟ことです。

「でも、越えられないから苦しいんです」と訴える人もいるでしょう。ただ、過去に苦しみを越えられなかったのは、「方法を知らなかったから」ではないでしょうか。

苦しみを越える方法はあります。ただ、環境も人生の時間も限られている私たち人間は、その方法に、なかなかたどり着けないものなのです。

でも、だからこそ方法を探すのです。「**自分がまだ知らないだけで、方法はあるのだろう**」と考える。それが、可能性を信じるということ。人生の希望です。

あなたが今目の当たりにしている、二五〇〇年以上の蓄積を持つブッダの教えは、強力な方法になりえます。

心を洗う技術を実践していけば、硬くなっていた心は、雪解けのようにほぐれていきます。心の曇りは晴れ、汚れは洗い流され、淀んでいた心は、さらさらと流れ始めます。

心の原点には〝意識〟というエネルギーがある――そう学びましたよね。その意識が、刺激に触れて〝反応〟したとき、苦しみが生まれたのでした。

ということは〝反応〟以前の〝意識〟には、まだ苦しみはありません。

最初にあったのは、**反応未満、苦しみ以前の、純粋なエネルギーであり、クリーンな心の状態**です。これこそが、あなたが本来持っている心です。

クリーンな心は、この上なく爽快です。そこに溢れ出してくる〝意識〟というエネルギーを何に使うかは、これからの選択次第。すべてが新しいと思える、自由自在の心境です。

そういう心境を、日本の仏教では「心の中に仏がある」とか「一切衆生悉有仏性《いっさいしゅじょうしつうぶっしょう》」――すべての人に〝仏性〟が宿っている――という言葉で表現してきました。

「仏」とは、苦しみのない心境のことであり、「仏性」とは、その心境にたどり着く〝可能性〟を意味します。すべての人に心（意識）がある以上、苦しみのない心境にたどり着ける可能性は、みんなにあるというのです。

その心境へと近づく道――方法――が、ブッダの教えです。

ブッダの教えのことを、本書では「ブディズム」と呼びます。ブッダとは〝理解を窮《きわ》めた人〟のことであり、イズムとは〝生き方・思想〟を意味します。

つまり、**ブディズム Buddhism とは〝理解する力によって、苦しみを越えていく方法〟**のことです。

ブディズムを活かすというのは、知識や理屈を増やすことでも、「信じる」ことでもありません。**理解する力を鍛えて、心の状態を変えてしまうことです。苦しみを無化して、クリーンな心の状態に変えることです。**

これは、実践して、みずからその効果を体験する道です。体験した人には、見える景色が変わります。天に衝《つ》き抜ける青空を見上げるかのように、「世界は、こんなにきれいに見えるのか！」と、目を見張ることでしょう。

> みずから実践するがよい。道を成就した人（ブッダ）は、方法を説くだけである。
> もし実践によって、心を育てるならば、
> あなたは確実に、執着という心の魔から抜け出せるであろう。
>
> ウダーナヴァルガ

「千歩禅」で苦しみを抜け出せ

つい妄想に流されることで、苦しい自分に留まってしまう。そんな〝負の反応の連鎖〟に囚われている人は、大勢います。しかしサティの力によって、その連鎖を断ち切ることが可能です。

私は夏に、日本全国を行脚します。ある夏に出会った人のことを紹介しましょう。

その女性は、五〇代に入ったばかり。身勝手で傲慢な親のもとで、いつもピリピリと緊張し、よくわからないことで叱られ、殴られるという幼少期を過ごしました。両親の仲は悪く、家の中では罵倒と暴力が絶えませんでした。

こうした環境にいると、心は一定の反応パターンを育てていきます。親はいつも不機嫌で、自分に冷たく当たる。**子供は「なぜ?」と考えているうちに、「きっと自分がいけないんだ」という判断を作っていきます。**

これが心のクセになって、不機嫌そうな人や、意地悪な人に遭遇すると、「わたしが悪いんだ」と考えるようになります。

その心のクセが、さらに身勝手な人間を引き寄せます。正確にいえば、本人の心のクセを見て、相手が反応を変えるのです。**すぐ「自分のせい」にしてしまう本人と出会った相手は、「この人間には、つけ入っても大丈夫」と考えだす**のです。

結果的に女性の周りには、身勝手で傲慢な人間が集まってくるのでした。

職場の同僚にうまく使われるだけでなく、自分の夫、さらに最近は娘にまで、侮《あなど》られています。父親が母親を見下す姿を見て、娘が真似をするのです。しかし母親である女性自身が、「はい、すべて自分がいけないんです」と思い込んでいるため、この理不尽な関係を抜け出せないのです。

客観的に見れば、女性はごくふつうの大人です。自分を卑下する理由は、何もありません。しかし、私と話している最中にも、「わたしってダメですね」と、何度も言ってくるのです。私は、次のことを伝えました――

○「わたしってダメですね」という言葉を語らない。

○もし語ってしまったら、**「これが心のクセなんだ」**と自覚する。

○「わたしは、わたしを肯定する」という言葉に置き換える。

○「千歩禅」を日課にする。

千歩禅とは、歩くサティのバリエーション（活用形）です。つまり一歩を「一」として、「千」まで数えながら歩くのです。

人の心は妄想に流れやすいので、気を緩めると、「あれ、何歩めだっけ？」と数を忘れてしまいます。忘れたら、「一」から数え直します。

この練習は、ストレスや雑念を洗い流す上で、かなり効きます。

途中妄想が湧いても、気にしないこと。そこで止めても、妄想漬けの自分に戻るだけです。妄想があってもなくても、とにかく歩く。そうして感覚を意識する時間を増やしていくのです。

「わたしの人生は、ここで終わりではない」

夏が過ぎた後も、女性は、メールで近況報告してくれました。「自分を否定するクセに気づいたことで、職場で利用されることが少し減りました」と言います。

その一方で、「こんな些細なことで悩んでいるなんて、あきれますよね」とか「やっぱりわたしは、ダメな人間です」とも言ってきます。

まだ「こんな自分」というネガティブな判断が残っている様子です。そのうえで、「そんなことはないよ」という慰めを期待しているのです。

しかしブディズムは〝正しい理解〟しか伝えません。ご機嫌取りの言葉ではなく、理解に基づく言葉だけを語ります。「自分を否定する心のクセに気づいてください」と伝えるだけです。「まず千歩歩いてください」。

困難な道のりであることはわかっています。しかし、**同じ自分に留まっていても、一生変わりません。「こんな自分」が人生の最終地点でいいのか――**それを望まないなら、心のクセを抜けること。まずは歩くしかないのです。

その後も女性は、何度もうずくまりながらも「千歩禅」を続けました。ある日、女性がこんなメールを送ってきました。

「途中で数を忘れては、何度もやり直しました。やっと初めて千歩数えきったとき、悩みの種だった相手のことは、アタマから消えていました。不思議なくらい、いませんでした」

「千歩禅を始める前のイライラも、自分の中を探しましたが、ありませんでした。すごい、このことかと実感しました」

ひとつの変化でした。これまでの自分を越える、新しい可能性が少し見えたことが伝わってきました。

「世の中、どうしようもない人っていますよね。わたしもその一人です。でも、そこから抜け出せるならそうしたい。前を向いて穏やかに過ごしたい」

そんな声も聞こえてきました。ほんの少し自分自身を、距離を置いて見始めた様子です。善き方向性も見えつつあることが、伝わってきました。

もちろん、心を洗う道のりは、前進ばかりではありません。途中で道を見失ったり、元に戻ったりしてしまうものです。

ただそれは、自然なこと。新しい道を歩き出した人が、みんな体験することです。

大切なのは、苦しみに囚われかけたときに、正しい方法を思い出せるかです。

〝こころを洗う技術〟を取り戻すこと――。

気を緩めると、妄想が忍び寄ってくる。だから、サティを働かせ続けるのです。

サティの力は、強力です。スパリスパリと枝葉を切り落とす、鋭利な刃物のようなものです。真摯に取り組めば、過去の心の傷も、未来への恐れも、自分を苦しめる心のクセも、ことごとく斬って落とせます。

まずは歩き出してください。足の裏の感覚を見つめる。体重をしっかり載せる――。

そして目を見開いて外に出て、大地を感じ、ときに広い空を見渡しながら、歩き続けるのです。

季節の移ろいも、風の匂いも、陽の明るさも、意識を使って受け止めれば、澄みきった心へといざなってくれます。

大丈夫、〝わたし〟を抜ける瞬間は、必ずやってきます。

新しい道をゆく、この姿を見てくれ。
苦しみにいざなう心の種は、すっかり消えてしまった。

アングリマーラの告白　テーラガーター

CHAPTER3

留まる

STAY

うかつに反応すれば、
苦しみが流れ込んでくる。
「自分の輪郭」に留まって、
他者に振り回されないようにせよ。

心を漏らせば、力を失う

私たちの日常は、厄介なものに囲まれています。

ままならない他人、ストレスの多い日常、不誠実がまかり通る世の中、過剰に煽ってくるインターネット――多くのものに翻弄されています。

厄介なのは、外の世界だけではありません。そわそわと落ち着かない、考えがまとまらない、すぐ反応してしまう〝心〟も困った存在です。

もし人が、何かに振り回されているように感じるとしたら、その理由は何でしょうか。外の世界や他人のせい？　それとも自分の心の弱さでしょうか？

どれも当たっているようで、少し外れています。**本当の理由は――「心が漏れている」ことにあります。**

心の漏れとは、必要のない外の物事に、つい反応してしまうことです。

前の人が邪魔でついイラっとする。スマホに思わず手が伸びる。イヤな過去を思い出す。他人に嫉妬してしまう――こうした姿は、必要がないことに反応した状態です。

これを〝心（正確には意識）の漏れ〟と表現するのです。

仏教の世界では、「心を漏らすな」と、よく言います。原始仏典にも「漏れ」āsava：leaking of mind という言葉が頻繁に出てきます。本書に出てくる「反応」という言葉は、仏教用語の「漏れ」を現代語訳したものです。

人の心は、日々反応しまくり、漏らしまくりです。スマホに漏れたり、他人の言葉に漏れたり、世間の話題に漏れたり、「半額セール」に漏れたり、噂話や悪口についお付き合いしたり――正直「漏らしっぱなし」です。

こんな状態で、心が落ち着くはずがありません。集中できないし、考えることもできない。元気が出るはずもありません。

仮に一秒にひとつ反応するとして、一日にどれだけ反応しているか。そのうちどれだけが意味のある反応で、どれほどが心の漏れ（無駄な反応）なのか――一度、真剣に点検すべきかもしれません。

もし容器に穴が空いていたら、穴を塞がないと使えませんね。心も同じように、漏れを止めないと始まりません。本当の人生を、本来の心強さを取り戻すには、〝心の穴を塞ぐ〟必要があるのです。

そこで、徹底して心の漏れを止める練習をしていきます。次の実践に取り組んでください――。

「自分の輪郭」と「妄想ゾーン」

改めて、目を閉じてください。そのまま両方の手のひらを見つめます。

しっかり握ったり、開いたりします。そして、こう考えます――

この手を使ってできることだけが、「自分の輪郭」なのだ。

この手が届かない外の世界は、自分の輪郭の外――つまり「妄想ゾーン」なのだ。

「心の漏れ」を「自分の輪郭」で止める

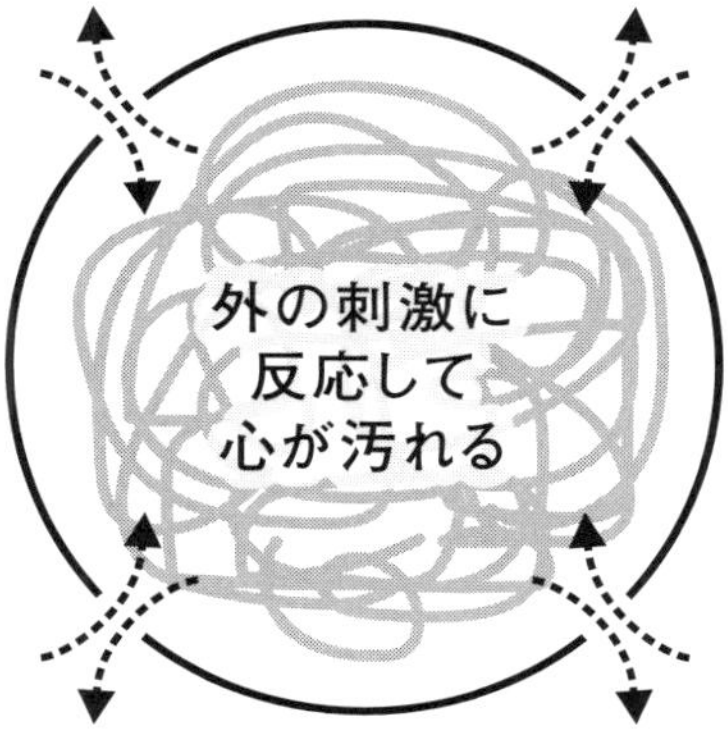

心が漏れている状態

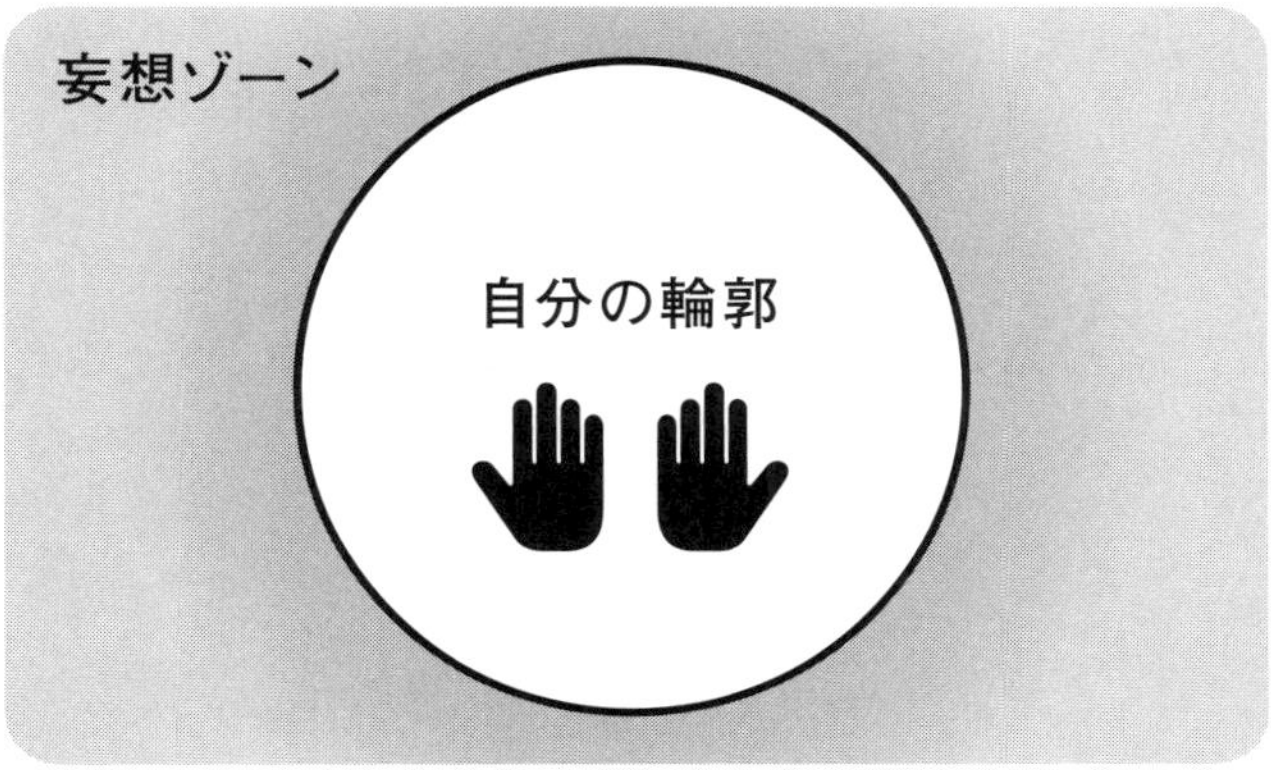

「体の感覚」で画定する

大切な言葉が、二つ出てきました――「自分の輪郭」と「妄想ゾーン」です。

「自分の輪郭」とは、実際に手を使ってできる範囲のことです。この手・この体を使って動かせる範囲だけが、自分の輪郭の内側です。

目を閉じて感じ取れる〝全身の感覚〟が、自分の輪郭を画《かく》することになります。

他方、**体の感覚の外側は、自分では動かせない「妄想ゾーン」です。そばにいる誰かも、世の中も、すべて妄想ゾーンに属します。**

というのも、サティのところで体験したように、目を閉じてなお見えるのは、本来、体の感覚と暗がりだけです。それ以外に何かが見えている（気がする）としたら、妄想ということになります。

人も、世の中も、目を閉じれば見えません。とすれば、これらは自分にとって妄想と変わらない。その意味で「妄想ゾーンに属する」と理解するのです。

「でも家族や仕事など、自分の人生の一部になっているものもある。これは妄想ではなく、現実では？」と思うかもしれません。

しかし、こう考えてください――「手」は動かせますが、「人」も「仕事」も、思うだけでは動かせません。それらは本来、外にあるもの。しかし、心のどこかで「自分の思い通りに動かせる」と期待（妄想）していた。だから反応してしまうのです。

いわば、**他人も仕事も、自分の妄想の一部になっている。だから外の世界が動いたときに、自身の妄想ごと揺れ動く**のです。

このとき生まれるのが、ストレスや動揺です。現実と妄想、自分で動かせる範囲と、動かせない範囲とが、区別できていないために起こる反応です。

そこで両者を切り離すために、「自分の輪郭」を確かめるのです。動かせるのは、この手が届く範囲だけ。外の世界は妄想ゾーン。心を漏らさない。追いかけない——。

これが、外の世界に振り回されない心がけの基本です。

「音が消える」まで待てるか？

自分の輪郭に留まって、心を外に漏らさない状態を、仏教では「精神統一」と表現します。**体の内側をすみずみまで見つめて（サティを働かせて）、何があるかを知りつつも、外に反応していない。それが、統一された精神状態です。**

仮に目を閉じて、お鈴《りん》を鳴らしたとしますね。暗がりの中に音が響きます。その音を見つめます。「これは、聞こえているという状態なのだ」と理解します。反応しません。漏らしません。

そのうち音は消えて、暗がりだけが残ります。「音が消えた。暗がりが見えている」と確認します。ここでも心は漏れません。

こうした心の保ち方を、精神統一というのです。理解するだけに留まった〝お漏らしゼロ〟の状態です。

この**「聞こえているが、反応していない。ただ理解している」というのが、サティの最もシンプルな姿です。**これを実践することが、いわゆる瞑想・坐禅です。

「完全スルー」でストレスゼロ

今度は〝漏らさない心がけ〟を、人間相手にやってみましょう。

たとえば、誰かに言葉をぶつけられたとしますね。イヤミ、あからさまな非難や中傷、上から目線の説教や、威圧的な言葉などです。

「外の世界は妄想ゾーン」です。目を閉じれば、相手の姿は見えません。手のひら、全身の感覚を確かめて（目を閉じて実際に見つめて）、「自分の輪郭」を確認してください。聞こえているのは、人の声、つまり音です。「暗がりに響いている音がある」という点では、お鈴の音と変わりません。「聞こえている」と、ただ理解します。

そのまま音が消えゆくまで、「聞こえている」と理解するだけに留まれば、ストレスは溜まりません。

この〝完全スルー〟の達人だったのが、ブッダです。かつて、敵意むき出しの言葉をぶつけてきたバラモンに、ブッダはこう返したといいます――

私は、あなたが差し出すもの――その思いも、言葉も、感情も――受け取らない。
あなたの言葉は、あなただけのものだ。そのまま持って帰るがよい。

罵倒するバラモンとの対峙　サンユッタ・ニカーヤ

相手が何を考えようと語ろうと、こちらが反応しなければ、すべて「相手の持ち物」——自分の輪郭の外だというのです。ならば、遠い星を眺めるかのように（檻の中の猛獣を眺めるかのように？）、「見えています」「聞こえています」（無反応）でよいことになります。

ところが……現実はそうはいきません。「あなたは愚かだ」と言われたら、「愚かだと？」「ひどい！」「屈辱」「くやしい」と反応してしまいます。

現実は、あっけなく漏れてしまうことが、ほとんどです。

厄介な相手に動じない「心の手順」

心の漏れを止めるには、とにかく自分の心の動きを見ることです。

実際に確認してみましょうか。「言われて腹が立つ」までの心の動きを、反応（お漏らし）の度合いに沿って、並べてみましょう——

①何か言っているらしい。聞こえている（まだ反応していない）。

②言っている言葉はわかった（まだ反応していない）。
③言葉の意味を考えた（反応した——「なんだと？」）。
④あとで思い出して、また腹が立った（結生した記憶に反応した）。

——②の段階までは、漏れていない状態です。聞こえている。理解はできる。だが反応していない。ブッダなら、ここで終了です。

しかし、ほとんどの人は、瞬時に③に到達します。「なんだと？」（ムッ）と相手の言葉の意味に反応してしまう。バカにされた、攻撃されたと感じて、持ち前の承認欲が稼働して怒りが湧くのです。

もっと承認されたい人になると、わからせたい・わかってほしい一心で、いっそうムキになります。激昂したり、落ち込んだり、へそを曲げたり、愚痴をこぼしたり——「漏れ」どころか「決壊」です。

③の反応レベルに応じて、④の結生レベルも変わります。強く反応するほど、記憶に刻まれます。その記憶に承認欲で反応して、再び怒りや悲しみが蘇ってくるのです。

こうして見ると、相手に心を漏らさない秘訣は、主に三つあるとわかります。

第一は、**「踏み留まる」こと**——意識を自分の輪郭内に留めて、相手への反応に使わないことです。はなから相手にしないこと。

第二は、**「聞こえている・理解はできる」という事実確認に留まること**。これは、「お鈴の音」で確かめたように、サティの実践（在ると理解する練習）を重ねていくことで、可能になります。

第三は、**反応して生まれた感情や記憶を、早めに洗い流すこと**——これは、やむなく漏らした場合の事後策です。第二章「削ぎ落とす」でやりましたね。

第一の「踏み留まる」技術は、次のようにして鍛えます。今後、誰かと向き合う（対決する）ときは、次の作業を心の中でやってください——

①まず、足の裏の感覚に意識を向けます。しっかり感じ取ります。

②次に、自分の胸のあたりに意識を向けます。胸の鼓動を確かめます。緊張や怒

り、怯えなどがないか、チェックします。この「自分の輪郭内を見る」状態を守り抜こうと頑張ります。しっかり足元を見る。胸の鼓動を見る――。
③その状態を維持しつつ〝残りの意識〟を目の前の相手に向けます。「聞こえています」「言葉の意味は理解できます」という状態に立ちます（頑張ります！）。

いわば〝**心の後ろ半分を、自分の反応を見ることに使いつつ、心の前半分は、相手を理解することに使う**〟のです。

この心の使い方を、一人の時間にシミュレーション（仮想体験）してください。目を閉じて、①足の裏→②胸の鼓動→③その状態をキープしつつ、目の前の相手を理解するのです。

現場でも――どんなにタフな修羅場であっても――向き合い方は、同じです。どこかを見ているふりでもしながら〝自分の輪郭内に踏み留まる〟のです。

「やってみると、かなり難しい」という声を、よく聞きます。「自分を見たら、相手が見えないし、相手を見たら、自分の反応を見るどころじゃなくなる」というのです。

たしかに最初は、そうでしょう。ただ、難しいと語る人も、ムキになったり、言いわけや反論の言葉を探していたりと、アタマではかなり高度な（?）反応を繰り広げているものです。

こうした反応の代わりに〝足の裏を見て、胸のあたりを見て、相手をただ理解する〟だけです。理解というのも、サティ程度——在るものを在ると知っている・なんとなく意味はわかる程度——でよいのです。

こちらのほうが、格段にシンプルでラクな向き合い方かもしれません。消耗しないし、ストレスも溜まらない。「そうですか、そうですね、ハイ、完了」で終わりです。

ぜひ練習を——できたときは「わたし、強くなったな」と、ひとりニンマリしてください。

サティを働かせて、心を漏らさない。正しい心がけによって、自らの内に留まっている者は、現実に動揺せず、つねに清浄な境地でいる。

サンユッタ・ニカーヤ

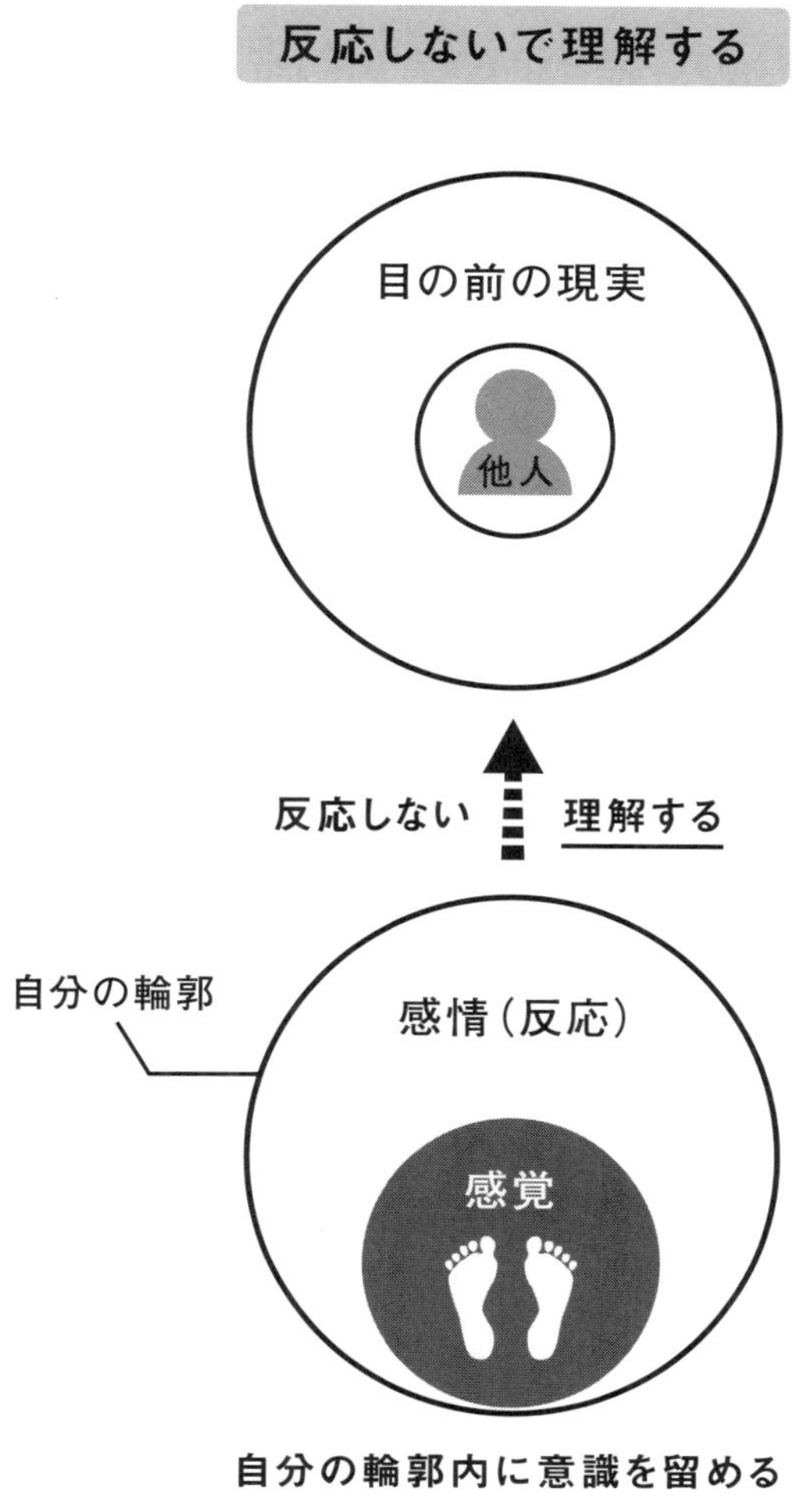
反応しないで理解する
目の前の現実
他人
反応しない
理解する
自分の輪郭
感情（反応）
感覚
自分の輪郭内に意識を留める

「関わる基準」を明確にする

自分の輪郭に留まった上で、外の世界（妄想ゾーン）との向き合い方を確立していきましょう。

誤解されがちですが、「自分の輪郭に留まる」「反応しない」というのは、相手を拒絶したり、無関心を決め込んだりすることではありません。「振り回されない」ための前提（心がまえ）です。

自分の輪郭に留まって、心を無駄に使わない。

その上で、明確な基準をもって、主体的に他者と関わっていく。

そのための工夫です。では、外の人・モノ・情報と、どのように関わるか。

今度は、関わり方のルールを確立していきましょう――。

3つの絶対条件で絞り込む

ある五十代の男性は、企業のオーナーです。数十名の社員を抱え、かなりの勉強家。本と新聞とインターネットのニュースサイトで、つねに最新情報をチェックしています。その男性が、あるとき相談に来ました。「不安が高じて、夜眠れない。汗びっしょりで飛び起きることもある」と言います。

理由を尋ねたら、「日々の売り上げが気になって、この先やっていけるかと不安になる。同業者との競争も気になるし、毎日更新される最先端のニュースに触れると、将来が心配でたまらなくなる」と言います。

これは、仕事を抱えた人、特に「意識が高い」と俗にいわれる人に、たいへん多い悩みです。この男性の場合、事業や社員への責任感や、業界で生き延びていけるかという危機感、さらに次々に飛び込んでくる最新情報に煽られて、心の安定を完全に失っています。いわば、「自分の輪郭」を完全に見失った姿です。

人と人との関係なら、①体の感覚をもって自分の輪郭を確認して、②相手には「反応せずに理解する」という向き合い方で対応することになります。

ただ、この男性のように、ビジネスの世界で成果を上げなければいけない、情報もキャッチしなければいけない立場なら、外の世界に対する〝基準〟をいっそう明確にする必要があります。すなわち、**①作業、②時間、③有益性（価値があること）という基準です。**

①の作業とは、**自分の体を使って、実際にやっていること・できること**です。体を使ってできない範囲は、先ほど確認したとおり「妄想ゾーン」にすぎません。そこに心を使っても意味がない。あえて追いかけずに、作業を大事にするのです。

「売り上げとか、今後やっていけるかといった不安は、ぜんぶ妄想でしかありません」と言うと、男性は驚いていました。

人は「成果」を期待しますが、まだ未来のことであり、現実には存在しない妄想にすぎません。この手を使って今何ができるのか——作業レベルで現実を捉えないと、妄想に流されてしまいます。

②の時間とは、**一日に使える実質的な時間**です。

そもそも時間は限られています。一日二十四時間、仕事の時間は基本八時間。ちょっと食事が延びたり、スマホを覗いたり、休憩したりすると、時間はあっという間に減ってしまいます。

そのうえ、心の漏れがあります。ぼんやり妄想しているうちに、時間はいっそう減っていきます。だからこそ、集中せねばなりません。「いっときに、ひとつのことを、心を尽くしてやる」のです。

一日に使える時間は、意外と少ない。時間の密度を上げるしかない――そう覚えておきましょう。

本当に「関わる価値」はあるのか

作業・時間と並んで、もうひとつ重要な意味を持つのが〝**有益性**〟――**価値があるものとだけ関わる**――という基準です。これも、生き方を確立する上で欠かせません。

私たちを取り巻く人やモノや情報には、価値があるものとないものが混在しています。見分ける人は、自分以外に存在しません。

もし有益性という基準（物差し）を持たなければ、大量の無駄な刺激に、心を晒すことになります。毒にまみれた情報・刺激が、スマホひとつでいくらでも流れ込んでくる今日にあって、その危険は格段に高くなっています。

「意識が高くて勉強家」のオーナー男性が抱えている、不安や焦りやストレスは、まさに外の世界に無防備に心を晒して、大量の毒を抱え込んでしまった結果です。

有益なものを選び、価値なきものは追いかけない――その潔さが、心を守るために欠かせないのです。

〝**有益である**〟beneficialとは、具体的にいえば、①**よき方向性（めざす目標）につながる。方法として役に立つ。**②**モチベーションが上がる（やる気が出る）。**③**誰かの役に立つ。貢献できる。**④**価値あるものが残る**――ものです。

逆に、有益ではない（価値がない）とは、よき方向性につながらず、役に立たず、モチベーションが下がるもの。苦しいだけで、価値あるものが残らない場合です。

これを、人・モノ・情報について点検するのです。たとえば、快適に過ごしたいなら、空間はシンプルに――テレビやスマホを、目につく場所に置かない。何かに取り組むときは〝開始前の整理整頓〟を儀式にしましょう。

インターネットやSNSも、客観的な視点で眺める（検討する）必要があります。

「何につながるか、何が残るか」を自問していると、やがて振り回されなくなります。

人についても同じです。一緒にいると楽しいとか、成長できるとか、趣味や仕事で必要だというなら、価値はあります。他方、苦痛なだけ、自分らしくいられないというなら、本当は価値はありません。

特に親との関係は、多くの人にとって未解決の問題です。距離が近すぎる関係は、過去の記憶を蘇らせ、心はいつも過去に留まってしまううえ、現在進行形のストレスも溜まります。

自分の心を観察しながら――ストレスやモチベーションの低下を感じていないかを見張りながら――適切な距離を取る必要があります（第5章で考えます）。

なお、人との関係に〝価値〟を求めることは、いけないことではありません。むしろ必要です。大切なのは、幸せに生きること。互いを尊重しつつ気持ちよく関わるための「ルール作り」にも役立ちます。

あえて「誠実であれ」という基準

ブッダは、もうひとつ〝真実であること〟を大事にしました。**「真実であり、かつ有益である」**ことを、関わる条件としたのです。そうでない人や物とは、関わりませんでした。

真実である truthful とは、嘘がないことです。他人が語る嘘や悪意には、耳を貸しません。たとえば、噂話（ゴシップ）や、詮索、批判、疑い、嫉妬、やっかみ、悪口などです。

人は「わかったようなこと」を語るのが大好きです。しかも欲や悪意もあるので、人をネガティブに語りがちです。

しかし、真実は本人にしかわかりません。そもそも自分に関係ありません。そのうえ、あれこれと妄想することで、クリーンな心を台無しにしてしまいます。

だから**「真実ではない」「他人事でしかない」「妄想レベルでしかない」物事には、最初から目を向けないのです。快適な心で過ごすほうが「はるかにマシ」だからです。**

真実には、他にも大事な意味があります――。

ひとつは〝**本気のない人と関わらない**〟ことです。本気とは、自分を成長させたいとか、互いが幸せになれるように努力したいなど、方向性がはっきりしていることです。「誠実」と置き換えることも可能です。

本気でない人と関わっても、誰も幸せになれません。

ただ、人は〝本気でない人〟に執着してしまいます。「嫌われたくない」とか「相手を変えよう」という、承認欲や妄想が混じっているのかもしれません。

仏教は、妄想せずに、相手の心を理解します。相手が幸せをめざしているか、こちらの思いを理解できる可能性があるか、を見ます。

「本気がない」ことが見えたなら、残念ですが、関わらないほうが正解かもしれません。それは「執着」であって「真実」がないからです。

ブッダなら、真実がない関係に執着しません。ただ、世の中には、しがらみや、人としての情みたいなものも、存在しますよね（仏教では、いずれも執着なのですが）。

「この場所・この関係に真実はあるか」と問い続けてください。やがて、次第に答えが見えてきます。

もうひとつ、真実には大事な意味があります。それは〝**人の苦しみを許容しない**〟ことです。

今の時代は、多くの人が傷ついています。いじめやハラスメントの犠牲になっている人も大勢います。こうした状況を許容しない――「おかしい」と思えることが、真実を知っているということです。

もし自分が犠牲になっているのなら、「この場所には真実はない――自分にとっての価値はない」と、見切りをつける必要が出てきます。

もし誰かが犠牲になっているなら、せめて「わたしには伝わっていますよ」（わかっていますよ）という合図を送ってあげましょう。「大丈夫？」と声をかけるとか、同性なら肩にそっと手を置いてあげるとか――。

一人ひとりにできることは、限られています。それでも自分は〝真実を知っている人〟をめざすのです。そのことで、周りの人たち――家族、子供、友人、仕事仲間、この世界に生きている見知らぬ人たち――は、「わかってくれる人もいる」という励ましと希望を感じるだろうからです。

――**「有益か」（価値があるか）**という視点は、人生の混乱をスッキリ整理してくれる、便利なツールです。

まとめるなら、**体を使ってできる範囲が、自分の輪郭である。そこに留まりつつ、外の世界と関わる。人・モノ・情報は、①作業、②時間、③有益性（価値がある）という基準で選ぶ。価値のないもの、真実でないものとは、関わらないようにする――。**

これができるようになれば、心は相当軽くなります。「これが理想の人生だ」とさえ、きっと思えてくるはずです。

なお、オーナー男性はその後、スマホの時間を大幅に減らしたと言います。新聞や本は読みますが、「これは有益か、後に残るか」と、つねに自問するようになったそうです。

「冷静に考えたら、かなり無駄なものを追いかけていました」と言います。心に余裕ができて、夜も安心して眠れるようになり、家族や従業員にも落ち着いて向き合えるようになったとも。そこまで劇的に変わった最大の理由は何かと聞いたら、「妄想が減ったことです」と、笑って答えてくれました。

あとは流れていくだけでいい

あるときブッダは、ガンジス河に流れる大きな丸太を指さして、修行者たちにこう語りかけました――

道の者たちよ、もしあの丸太が、こちら岸にも、向こう岸にもつかず、途中で沈まず、中洲に打ち上げられず、人に奪われず、渦に呑み込まれず、朽ち果てることもなければ、海に向かって流れ続け、やがて海にたどり着くであろう。
それはなぜだと思うか。河は海に向かって流れ、海につながっているからである。
人も、あの丸太のように、悟りへと運ばれてゆけば、やがてたどり着くであろう。

流れる丸太　サンユッタ・ニカーヤ

この言葉は、比喩に満ちています。「こちらの岸」とは、自分の肉体であり、「向こうの岸」とは、音やビジュアルなど五感の快楽を感じることです。その「両岸につかない」というのは、快楽に振り回されないことを意味します。

「途中で沈む」とは、前に進むのをあきらめること。「中洲に打ち上げられる」というのは、自分はここにいる、自分が正しい、自分のほうが優れているという〝慢〟(自意識)に囚われることです。

「人に奪われる」とは、他人事に振り回されること、「渦に呑み込まれる」というのは、欲望や執着に囚われて動けなくなってしまうこと。「朽ち果てる」というのは、自分の弱さに負けてしまうことをいいます。

人によっては、耳の痛い言葉に聞こえるかもしれません。ただ、ブッダが伝えようとしたのは、**「海」——自分がめざす方角——を忘れずに進み続ければ、必ずゴールにたどり着けるという〝励まし〟**です。

めざす方角は、人の数だけあります。仏教の世界では、「悟り」、つまり正しい理解に基づく苦しみからの解放です。人によっては、わかりあえる人間関係とか、仕事や勉強の成功、快適な暮らしなどでしょうか。

自分がどこに向かって流れているのか、この方角で間違いないのか――自分にとっての〝海〟をつねに覚えていなさい、とブッダは言うのです。

そうした方角にたどり着くには、何が必要か――それは〝引っかからない〟こと。つまり、反応しない。執着しない。正しい方角に近づくことを妨げる、価値のない物事に執《とら》われないことです。

「流れる丸太」とは、「自分の輪郭」そのものです。自分の輪郭をしっかり保って、外の世界に心を漏らさない。「岸に引っかかった」ときは、自分の姿に気づいて「岸を離れる」。つまり執着を手放して、自由な心に帰る。そして、もう一度正しい方角へと流れ始める――。

こうした心がけを忘れなければ、あとは〝流れるだけ〟です。日々を重ねるだけで、確実にゴールに近づいていく。「近づいている」と確信できる――。

「自分の人生、これいい」という納得は、こうした生き方によって得られるものなのでしょう。

CHAPTER4

立て直す

REBUILD

動揺して、ときに崩れても、大丈夫。
心は立て直せる。その方法がある。
どんな状況にも狼狽《うろた》えない
タフな心を育てよう。

不本意な過去に負けてたまるか

日々を生きていると、いろんな出来事が起こります。「自分の輪郭」に留まろうと心がけても、やはり動揺してしまいます。

身近にあって、心を動揺させるものは？——少なくとも三つあります。

ひとつは、人間。ひとつは、周囲の環境。もうひとつは、不本意な出来事です。

人間と環境（外の世界）に動揺しないコツは、すでに整理しましたね。「自分の輪郭」に留まり、「関わる基準」をもって向き合うことです。

残るのは、不本意な出来事です。「起きてしまった」「やってしまった」出来事に、どう向き合うか。必要なのは〝心を立て直す方法〟です。

何が起きても乗り越えていける、タフな心を育てましょう。

「後悔」に効くクスリはただ一つ

多くの人が、過去に〝かなわなかった夢〟を見ます。あれを手に入れたかった。あの人とうまくやりたかった。もっとこうしていれば、今頃は違っていたはず——そんな思いを抱えた人は、大勢います。

悩みのひとつが〝**後悔**〟です。ただ、後悔の正体は、あまり知られていません。辞書を引いても、「過去の失敗について悔やむこと」程度の曖昧な説明があるだけです。

ブディズムは、言葉の裏にある「反応」を見ます。「後悔」という言葉には、どんな反応が隠れているのでしょうか。

ひとつは、起きた出来事への「怒り」です。「しまった」「なぜこんなことに」——その出来事が許せない。その怒りが、ずっと残っているのです（悲しみも怒りに当たります）。その怒りを抱えたまま、過去を振り返ります。また怒りが蘇ります。その怒りから別の妄想が生まれます。あの出来事さえなかったら。もっと自分がこうしていたら、もしあの人がこうだったら——。

つまり「後悔」を作る反応は、「怒り」と「記憶」（妄想）と、過去を覆そうとする「妄想」です。すると、次のようにラベリングできます。

後悔 ＝ 怒り ＋ 妄想

あれこれ考え込まずに、シンプルに理解しましょう。「怒りがある」「妄想がある」。とすれば、後悔を抜けるには、①怒りを消すか、②妄想を消すか、です。

反応を消す基本は「在ると理解する」——ラベリングで止める、サティで消す——ことでした。と同時に「考え方を工夫する」ようにします。たとえば、

「過去を怒っても、仕方がない。この先できることをやっていくしかない」と考えて、怒りを手放す。妄想しない。すると妄想は薄らいでいきます。

「それは過去です。今となっては妄想です。もはや存在しません」と心から思えれば、記憶も、それに対する怒りも、やがて消えていきます。

最終的に、①過去を思い出さなくなるか、②思い出しても、怒りで反応しなくなれば、後悔は卒業です。

「単純すぎる。わたしの過去は、そんな簡単なものじゃない」と言いたい人もいるかもしれません。しかし、どんなに苦しい過去であっても、〝今心に何があるか〟を見れば、「怒りと妄想という反応がある」のは、確かです。

過去はない。あるのは、過去への反応――怒りと妄想――である。この真実に目覚めることができるか、です。

あとは、消すための努力に踏み出すかです。「後悔」という心の状態が消えるまで、本書を貫くブッダの方法を実践できるか――その今後の生き方だけが残ります。

結論をいえば、後悔を抜けることは、百パーセント可能です。ちなみに著者である私自身も、さまざまな過去を抜けた経験者です。

長い人生の中で、人は一つや二つは、苦い後悔を経験するものです。ときに巨大な後悔に打ちのめされます。過去への怒りを抱え、過去を覆す妄想を繰り広げるのです。

この〝怒りと妄想の堂々巡り〟を、みずから望んで繰り返す人も、少なくありません。なぜか後悔に――怒りと妄想への執着に、留まりたがるのです。

しかし想像してください――怒りと妄想に閉じこもるのと、過去を吹っ切って、クリーンな心で過ごすのと、どちらが心地よいか。答えは、明らかではないでしょうか。

後悔は、いさぎよく卒業しましょう。**「わたしは、過去という名の妄想を捨てよう。怒りを手放して、新しい人生を生きてみよう」**と決意するのです。

後悔を克服した人は、借金から解放されたように、
病気が治癒したように、幽閉から解かれたように、
自由にして休息の地にいるかのように、感じます。

出家者の歓び・沙門果経　ディーガ・ニカーヤ

「未練」を「ヤル気」に切り替える

もうひとつ、過去をめぐる悩みがあります。〝**未練**〟──あきらめきれない心情です。「あれをしたかったな」「今からでも、できないだろうか」と、ふと心が過去に戻ることはないでしょうか。

後悔と未練の違いは、何でしょうか。後悔が過去への〝怒り〟なら、未練の場合は、まだ〝願い〟が残っています。求めている。欲しがっている。その願いがかなわないまま、過去を妄想しているのです。

となると、未練は次のようにラベリングできます。

未練＝欲求＋妄想

となると、やっぱり「妄想を消す」ことが必要になります。「過去を妄想している」心の状態に気づく。「妄想していても始まらない」と思い直す。そして感覚を意識して心を洗う時間を作ります。

ただ未練の場合は、ここで終わりません。後悔の場合は、動かしようのない過去のことなので、怒りも妄想も手放すしかありません。しかし、未練は「欲求（願い）をかなえる」ことが、まだ可能かもしれないのです。

問題は、今からでもかなえられるか、もはや無理かを、見極めること。そのままでは一生モヤモヤが続きます。いい加減、答えを出さねばならないのです。

そこで「欲求がある」（残っている）と理解して、次のステップに移ります。ここで使うのが〝正しい思考〟です。

〝正しい思考〟は、ブディズムの根本思想のひとつです。その内容は、①**方向性を確かめる**、②**方法を考える**、ことです。

やりたいこと（欲求）をかなえることは、方向性に当たります。あるのはよし。

大事なのは「**ならば、どんな方法が可能なのか？**（今からできることは何なのか）」

を考えることです。

欲求がある↓過去を「たら、れば」と妄想して、不満に留まる――これは、不毛な思考です。

欲求がある↓どうすればかなうのか、方法を考える――これは、正しい思考です。

いずれの思考をたどるかで、未来は大きく変わります。「具体的にできること（実現可能な方法）」を考える習慣が身に付けば、未練をタラタラ引きずることは、格段に減ります。

方法を「作業ベース」で考える

「方法を考える」うえで大事なのは、徹底して「作業ベースで考える」ことです。具体的には、**①集める、②手順を決める、そして、③作業に専念する、**ことです。

「集める」というのは、どんなやり方があるのか、まずは学ぶことです。本を読んだり、経験者に話を聞いたり、場所を訪ねたりと、「みんな、どんなふうにやっているのか？」を探っていきます。まずは体験して、方法を集めるのです。

「手順を決める」というのは、どんな順序で進めていくか、段取りを決めることです。ノートを用意して、大まかな計画（年・月・曜日別）と、日々の具体的な作業の手順を、①②③の順に書き出していきます。この書き出し作業が、思いのほか、心の整理に効くのです。

ただ、多くの人は、「計画」を妄想で組み立てがちです。「この時期までに、これだけのことを」と、欲と妄想で決めてしまいます。「これが達成できたら、すごいかも」とか、「業績達成、間違いなし」とか、快ある妄想で終わってしまうのです。

その半面、ノルマやプレッシャーを抱え込んだり、「達成できないなら、やっても無駄だ」と途中で投げ出したりもします。要は、妄想に振り回されているのです。

ブディズムでは、未来はあくまで妄想だと理解します。「方向性」は、めざす目標にはなりますが、それだけでは妄想止まり。あくまで「実践可能な方法」とセットで考えます。現実的なのです。

未来は、妄想ではなく方向性です。山登りが、一歩の積み重ねで頂上に着くように、よき未来には、「今できること」の積み重ねで近づいてゆくのです（集中！）。

「何も考えずに集中できる」レベルをめざせ

ちなみに、私は〝作業ベースで方法を考える〟というのを、学生時代の勉強と、サティの修行でやりました。

勉強なら、使う本と「読み方」を決めます。読み方とは、作業です。古文や外国語なら、意味のまとまり（文節・単語）ごとに日本語に置き換える作業をやります。数学なら「ならば」「とすれば」の次に来る展開を、手で書いて覚えます。覚える必要があるなら「自分で問題を作る」とか「文節ごとに五回音読する」といった、かなり細かい手順をノートに書き出します。

サティの修行も、かなり綿密に取り組みました。一般に、瞑想・坐禅・マインドフルネスと呼ばれている世界は、かなり曖昧なのです。明確な目的と、作業ベースの方法を、緻密に作り込んで徹底しないと、サティを窮《きわ》めることはできません。

たとえば、本書で紹介した〝7ステップの歩くサティ〟は、「雑念・妄想を払う」という目的にてらして私が編み出した方法の一つです。

「この手順でやれば、必ず結果が出る」と思えるレベルにまで、具体化する。具体化できたら、あとは作業に集中するだけ――。

こうした思考法が身に着くと、妄想ではなく、つねに**「何ができるか、何をすればよいか」と、方法本位・作業本位で考える**ようになります。

作業に集中すると、充実感・達成感が得られます。確実に前に進めます。何かめざすものがある人は、妄想レベルではなく、情報を集めて、方法を組み立てること。そして日々を〝作業で埋め尽くす〟ことです。

もしあなたに未練が残っているのなら、ここまでお伝えした思考法で、もう一度作戦を練ってください。

もう一度夢をかなえる作業に踏み出したら、二度と妄想しないこと。過去も、年齢も、プライドも必要ありません。「もう歳だし」「何を今さら」は、全部妄想！――妄想に打ち克つくらいに、作業に集中してください。

後悔と未練を洗い流す

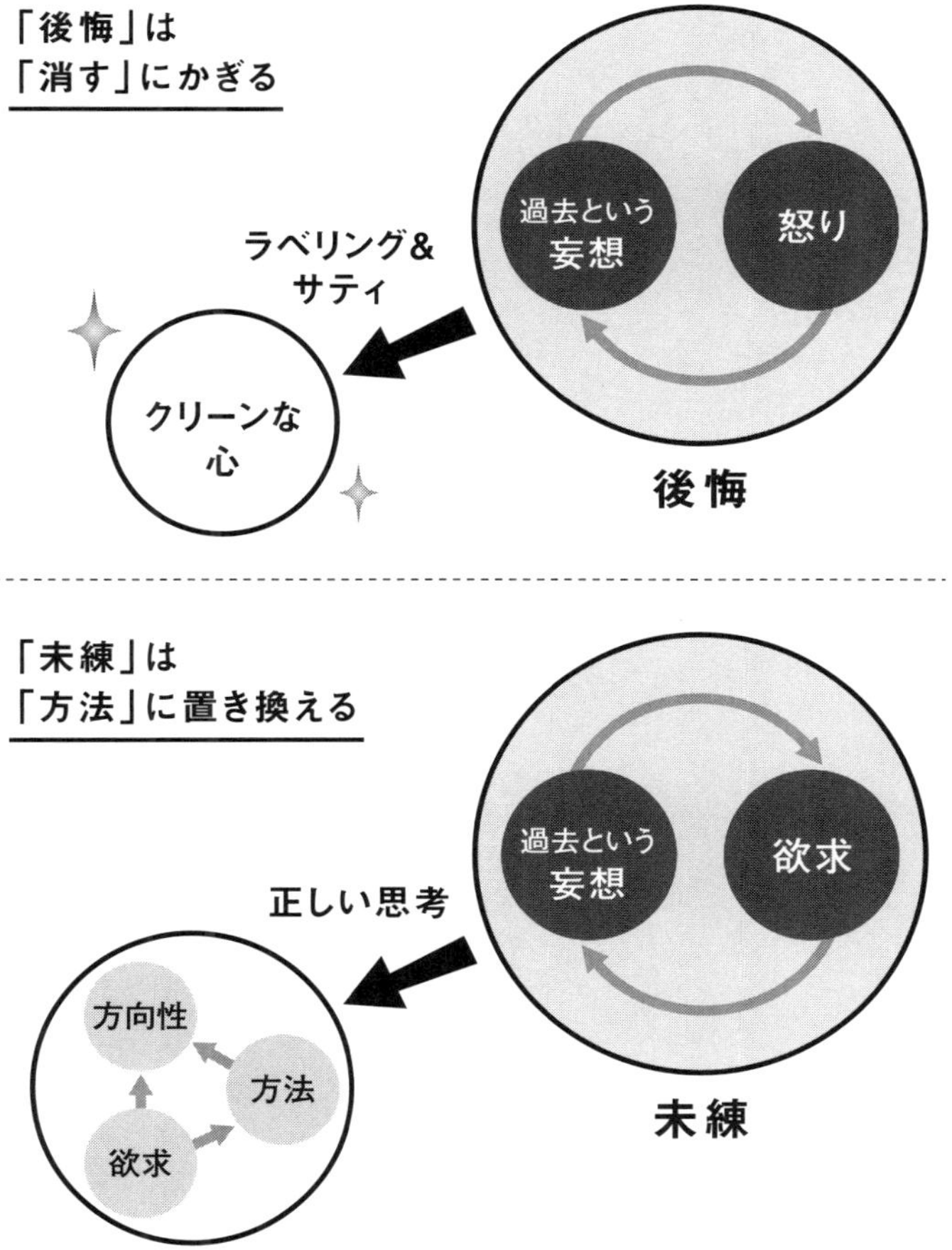
「後悔」は
「消す」にかぎる
過去という
妄想
怒り
ラベリング&
サティ
クリーンな
心
後悔
「未練」は
「方法」に置き換える
過去という
妄想
欲求
正しい思考
方向性
方法
欲求
未練

「期限切れの夢」はキッパリ捨てる

ただし、いくら頑張っても、かなえられない願いもあります。

というのも、方法は、いくら頑張っても「見えない」ことがあるからです。出会いに恵まれ、センスのよい方法を教わって結果を出せる人もいれば、方法をつかめないまま、いつまで経っても成功できない人も、確かにいます。

仮に方法が見えたとしても、年齢や、体力や、生活状況によって「もはや行動に移せない」現実に直面することもあります。

きっと願いには、期限があるのです。求め続けても苦しいだけなら、「そろそろ卒業の時期なんだな」と考えていいのかもしれません。未練を手放すのです。

というのは〝**そんなものは、なくても生きていける**〟からです。

人は、執着したがる生き物です。もっといい仕事に就けていたら、もっと勉強ができたら、もっとカッコよかったら、もっとおカネがあったら……キリがありません。

特に承認欲——自分が価値ある存在だと認められたい・認めさせたいという願い

――に、多くの人がしがみついています。

しかし、その願いの多くは「なくても生きていける」ものです。食べる・寝るといった本能レベルの欲求と違って、欠かせないものではありません。

その願いは、いつ始まったのでしょうか。親に褒められることが大事だった子供の頃かもしれないし、「これを達成できなければ、認めてもらえないぞ」と焚きつけられたのかもしれません。

こうした〝本来なくてもよかった願い〟に執着したところから、人は〝勘違い〟を抱え始めます。自分を肯定できなくなるのです。

この勘違いは、人の心に長く居座り続けます。ひとつ成功を収めても、なお勘違いを手放せず、「まだ足りない」と不満を抱えたままの人は大勢います。

他方、願いがかなわず、勘違いを手放せないまま、未練や挫折、コンプレックスを抱えている人は、もっとたくさんいます。

こうした心の渇きは、「なくても生きていけるもの」を「なくてはならない」と勘違いしたことに始まっています。その根底には、「あれを手に入れたい」という欲への執着があります。

しかし、ブッダの理解に基づけば、心は、ただの反応です。欲も未練も、実体はありません。だとすれば、「なくても生きていける程度の願い」など、捨てていいではありませんか。未練は、欲求の残り滓、いつでも降ろせる重石のようなもの――。手放せば、心は途端に息を吹き返します。もっと自由で楽しい人生が開けます。

ああなりたい、こうなりたいと夢想して、心に不満を溜め込む自分を抜けた者は、
執着を捨てて、自由にを得る――蛇が古い皮を脱ぎ捨てるように。

スッタニパータ　蛇の章

私がダンマ――正しい生き方――に立った姿を見てくれ！
迷いに導くわだかまりは、すっかり吹き払われてしまった！

アングリマーラの告白　テーラガーター

「失敗した！」から直ちに立ち上がる方法

「失敗して落ち込んだ」「自信を失くした」と嘆くことも、ときおり生じます。まじめに頑張っている人ほど、失敗がこたえる傾向にあります。落ち込むことは、自然な感情ですが、そのままではつらいだけですよね。

ここでも〝正しい思考〟を使って、心を立て直しましょう。

失敗直後は、これだけでいい

まず、過去は妄想です。残っているのは、「しまった」「自信を失った」「評価を下げた」という動揺です。

この動揺の正体は、何でしょうか。「自信」「評価」――いずれも、自分についての判断ですね。**「自分についての判断がある」**というのが、最初の理解です。

では、この判断は、どこから来たのでしょうか?

人の心には、承認欲がありました。その承認欲が、日々せっせと「できる人だと思われたい」という期待を作り、「実際に評価されている」「うまくいっている」という判断を生み出します。「自信」「プライド」「褒められて当然の自分」というのは、**承認欲が作り出す、自分に都合のいい判断**です。

その判断に真っ向からぶつかる現実が、ときおり発生します。それが「失敗」です。このとき、築き上げてきた「自分はできる」という判断が、激しく突き動かされます。「こんなはずじゃない!」――築いた判断が強固であるほど、強く反応します。「自信を失くした」「立ち直れない」――必死で反論したり逆ギレしたりする人もいます。

しかし、こんなときこそ「心を見る」のです。承認欲に基づく期待と判断――いずれも、アタマの中にしかないから、妄想です!

結局は、**「妄想で反応している」**ことになります。その事実に目を覚ましましょう。

失敗した人が選べる「二つのコース」

さて、ここからいかに考えるかです。失敗という不都合な現実から、人が採りうる選択肢は、二つあります。

ひとつは、**持ち前の承認欲にしがみついて、妄想（自分についての判断）を守り抜こうとする**選択です。

これだと、「こんなはずじゃない」「自分はできる人間だ」「こんな自分を叱るなんて、ひどい（厳しい・冷たい・わかってない）」という反応が出てきます。「自分には無理だ」「評価を下げた。もう回復できない（やめよう）」と、悲観・絶望もします。

こうした反応は、自分を守って、現実から逃げる・他人のせいにするという防御反応です。「自分には無理」というのは、「自分はできる人間なのだが、この仕事・場所・人間は無理」と言っているのです。

心情としては、わからなくもありませんよね。しかしこれは、承認欲で反応して、「自分はできる」という妄想を守っているだけです。状況は変わらないし、「できる自分」に変われるわけでもありません。結局、打たれ弱い自分で終わってしまいます。

そこで、もうひとつの選択を採ることになります。それが〝正しい思考〟です。

つまり、**①方向性を確認して、②今からできる方法を実行に移す**のです。やれることをやる。正解は、それしかありません。

見るべき方向性は、**「何ができていればＯＫなのか」という現実的なゴール**です。そこを確認して、できることを行動に移します。

そもそも「できる自分」でいたいなら、できることをやってみせるしかありません。となれば「なすべき作業に専念する」ことに落ち着くのです。

これは「動揺している自分」とも「できる（と本人が妄想している）自分」とも、関係ありません。**いざというときに「自分」に執着せず、正しく考えられるかどうかです。**

強い心とは、反応せず、執着に流されず、正しい思考に立ち続けられる心なのです。

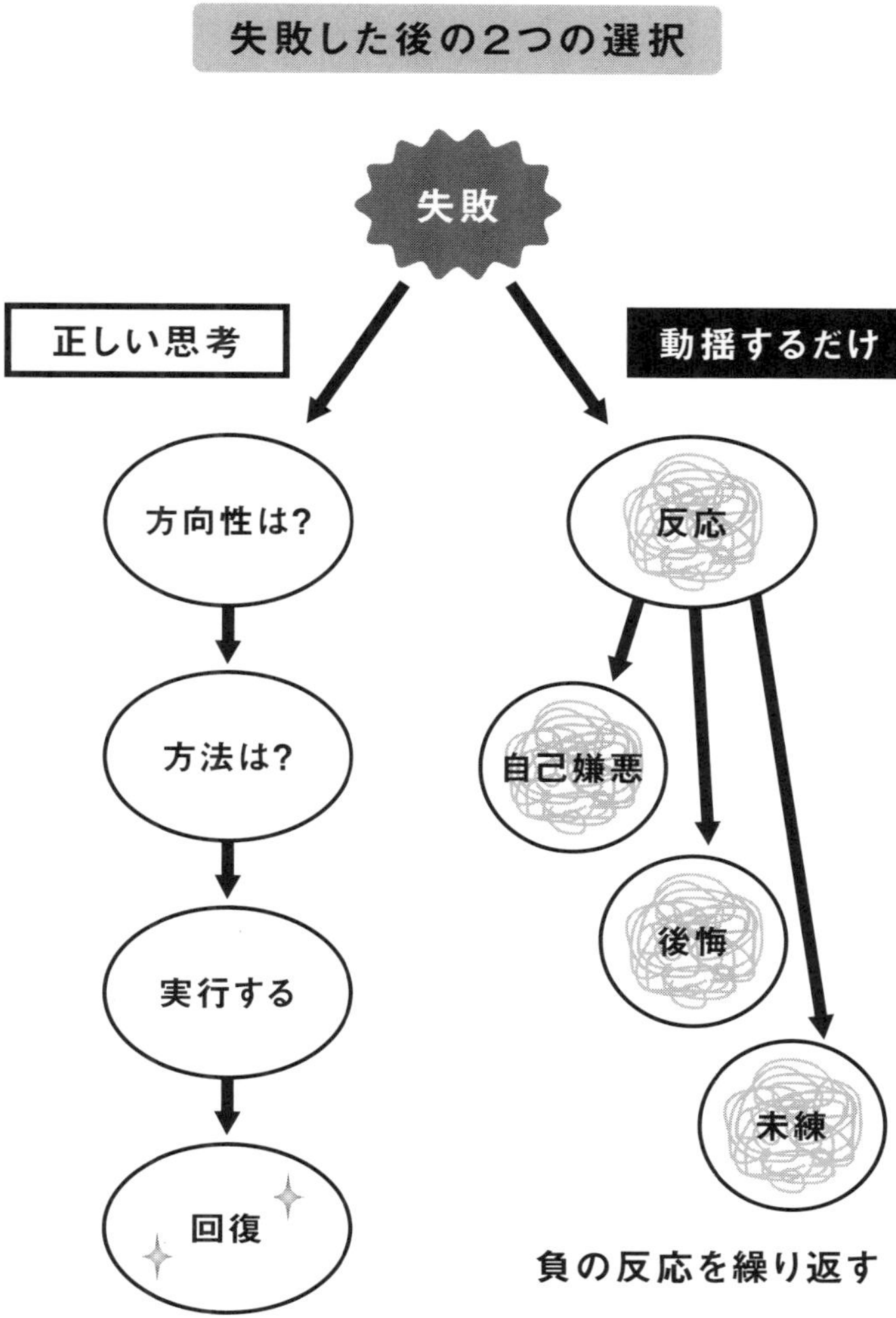
失敗した後の2つの選択
失敗
正しい思考
動揺するだけ
方向性は?
方法は?
実行する
回復
反応
自己嫌悪
後悔
未練
負の反応を繰り返す

最高の人間関係は「理解して励ます」

何かに行き詰まったときは、正しい思考に立って行動に移すこと――自分一人の物事なら、それで乗り越えていけます。しかし相手が人間となると、途端に出口が見えなくなることが、よく起こります。

「相手が何を考えているのか、わからない」「何をどう言っても、話が通じない」――ままならない人間関係に悩んでいる人は、大勢います。

たしかに、他人は一筋縄ではいきません。でも多くの人が感じているほど、出口が見えない問題でも、なかったりします。

大切なのは、「向き合い方の基本」が見えていることです。「人と関わるときは、これを基本としよう」というポイントを、つかんでおきましょう――。

悩んでいる人が最初に犯す意外な過ち

人との関係に思い悩んでいる人が、決まって陥っている〝過ち〟が、ひとつあります。それは、**相手に向けている、自分の〝判断〟に気づいていない**ことです。

判断とは、「自分はこう考える」「こうあるべき」といった物の見方や考え方のことです。仕事上の決まりやマナーなど「行動を決めるルール」（規範）もありますが、人との関係における判断とは〝相手についての決めつけや思い込み〟を意味します。

たとえば、「あの人はいい人・悪い人」「あの人はこんな性格」「あの人は好き・嫌い」といった、その人への印象があります。

「あなたはこうすべき」と、相手が従うことを求める判断や、「こうあってほしい」という期待や願望もあります。

いずれも、思い通りにならないと不満を感じます。「こうであるはず（それ以外は認めない）」という判断（決めつけ）に執着しているからです。

人はこうした判断を、当たり前のようにやっています。そのことで、多くの問題を引き起こしてもいます。たとえば、

親が、子供の足りないところを見て、厳しく当たってしまう。

上司が、期待どおりに動かない部下に、不満を募らせてしまう。

先生が、言うことを聞かない生徒を、力ずくで従わせようとする。

男女が、わかってくれない相手に、物足りなさや淋しさを感じてしまう。


こうした問題に共通するのは、判断が潜んでいることです。「相手のここが問題」「こう動くのが当然」「なのに従わない」「相手がおかしい」という判断です。

一方的に判断している場合もあれば、互いに判断を向け合っていることもあります。

自分が判断に囚われているかは、「自分がイラついているか」でわかります。自分はこう考える。正しいと思う。だが相手は違う反応を返してくる。なぜだ、おかしい、腹立たしい。だが、どうすればいいか、わからない——そこで行き止まりです。

他方、判断される側にも、ストレスが溜まります。わかってもらえていない。大事にされていない。こっちが問題であるかのように思われている。不満。おかしい。だが、どうすればいいかわからない――やっぱり行き止まりです。

この膠着状態を打破するには、どうするか。ここでも〝理解する〟ことが、威力を発揮します。

思い込みを解除する

まず、相手を見ずに、自分を見ます。**〝自分の判断に気づく〟**ことから始めます。

「相手のここが問題」「こうしなさい」「こうしてほしい」「なぜしないんだ?」「自分はこう考える」「正しいに決まっている」――こうした思い込み・決めつけがないか。自分が判断に執《とら》われていないかを、自問します。

「これは、自分の判断かもしれない」と気づいたら、その思いから〝離れる〟ように努めます。「こうであるべき」という思い込みを、いったん解除するのです。

もっとも、判断に慣れきった私たちは、「判断に執われた自分」に、なかなか気づけません。そこで「判断を自覚する」練習を行います。

①日頃判断しすぎている――思い込みがある・決めつけている――かもしれないと自覚する。

②事あるごとに「これは自分の側の判断ではないか？」と自問する。

③日常の中でなにげなく下している判断の数々に気づく。ラベリングする。

③は、判断を自覚する格好の練習になります。たとえば、お店でメニューを選ぶのも判断だし、青信号で進むのも判断です。そこで「メニューは、これがいいと判断します」、「青信号だから、進んでいいと判断します」と、言葉にしてみます。**「～と判断します」とあえて言葉にすることで、ふだん無意識にやっている判断を掘り起こすのです。**

これが案外、判断を手放すことに効きます。「これは判断」と自覚できれば、別の考え方も可能になります。心が柔軟になるのです。

心は「判断されたくない！」

次に努めるのは、**判断の代わりに〝相手を理解する〟**ことです。たとえば、

○相手がしていることを、事実として理解する。「～している」（ふむ、わかった）

○相手が語ることを、そのまま聞く。「あなたにとっては、そうなのですね」――そう感じているのですね・そう考えているのですね――と受け止める。

いわば「なるほど、わかります」と、いったん受け止めることを最初に据えるのです。こうして理解に努めることで、人間関係の根底が変わっていきます。

心はそもそも**判断されることを望んでいません。理解されることを求めています。**心は、いろんなことを感じ、考えている。それを、誰かにわかってほしい。受け止めてほしい。その願いは、誰にとっても共通しています。

その一方、**心は判断されると苦痛を感じます。**裁かれたり、評価されたり、押しつ

けられたりすると、心は、自由を否定された気がして、不快を覚えるのです。

理解されたいと思うのは、心の性質です。それが相手が求めていること。ところがこちらは、自分の判断――自分はこう思う――で一杯です。

だから、人のあり方もすぐ評価するし、批判するし、自分の判断に相手が従うのが当然だといわんばかりに、一方的に押しつけて、従わない相手に腹を立てます。

これが、いかに一方的な、もっといえば暴力的なことか、人は気づくべきなのです。


相手に向ける判断は、えてして「自分が正しい」という慢を含んでいます。判断が必要なのは、目的に役立つ場合です。**役に立たない判断を、ひとり正しいと判断するのは、自分に都合のいい判断でしかない。つまり、慢に当たるのです。**

うまくいかない人間関係とは、一方には「理解されたい心」があって、他方には「判断したがる心」がある関係です。

この関係を続けるだけなら、「わかりあえない関係」に行き着くことも、当然です。

大切なのは、行き詰まったときに、自身の判断（決めつけ・思い込み）に気づくこと。もう一度「相手を理解する」ことから、やり直すことなのです。

うまくいかない&うまくいく人間関係

うまくいかない 人間関係

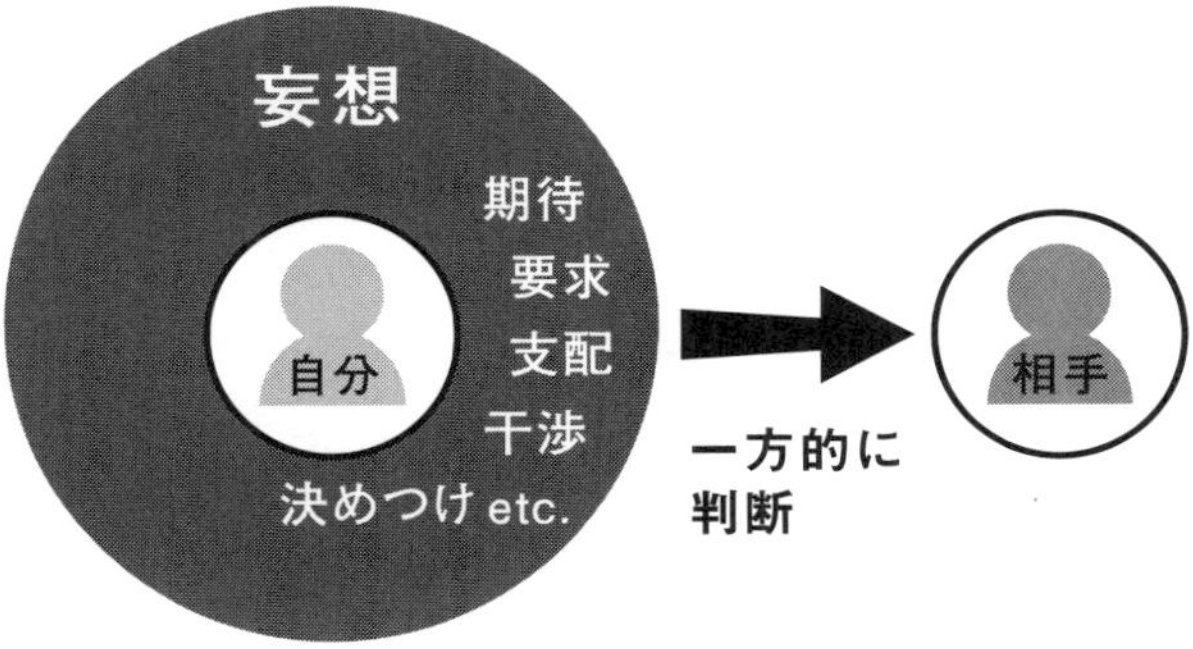

うまくいく 人間関係

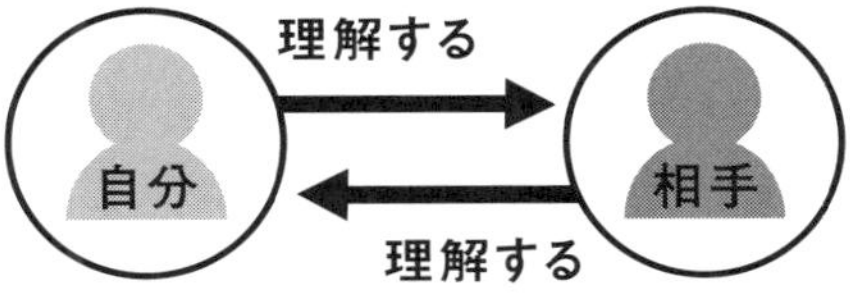

「上から目線」は最悪の判断

自分でも気づかない判断が、人との関係を停滞させる一例を挙げてみましょう。

ある男性（三十代半ば）は、結婚相手のことで悩んでいました。

「親身に相談に乗っているのですが、妻が頑固な性格で、言うとキレてしまいます。もうお手上げです」と嘆きます。かなり行き詰まっている様子です。

男性の言葉から伝わってきたのは、「自分が上で、妻は下」という判断でした。プライドが高いのです。たしかに仕事はできる〝ハイスペックな〟人のようでした。

しかし慢に満ちた視線は、相手にすぐ伝わります。妻にしてみれば、「問題のある未熟なわたしと、そんなわたしの相談に乗ってくれる優秀な夫」という図式を押しつけられることになります。こんな関係を強いられて、嬉しいはずがありません。

十分話を聞いた後、その男性には、相手が感じているであろう苦しみを伝えました。

――人は、上からの判断を押しつけてくる相手に、心を開かない。あなたが、そのプライドや優越感という判断を降りないかぎり、わかりあえる関係にはならない。

男性にとっては、初めて指摘されることのようでした。じっと聞いていました。

――仕事ができるというのは、それだけ人に貢献できるということ。しかしそれを、慢を満たすことに使う必要はない。もったいない。

――もし理解することに努めて、自分にできることを最大限やろう、という思いに立てば、自然に評価もされるし、人との関係もうまくいく。そう伝えました。

男性は、いろんな思いを語り出しました。自分のプライドが、妻との関係だけでなく、日頃多くのストレスを生んでいること、自分も苦しみ続けてきたことを、打ち明けてくれました。

「この慢を卒業しないといけないんですね」と言います。

「あなたがそう望むなら、それが正解です」と返しました。

その後、男性は少しずつ、自分のプライドや優越感を自覚するようになりました。

「鼻持ちならない人間だったことが、見えてきました」と、笑顔マークをつけたメールを送ってきてくれました。

「妻との関係では〝相談に乗る〟のではなく〝ただ聞く〟ようにしています。以前より、ずっと話ができるようになりました」とありました。


改めて、こう覚えておきましょう――**心は判断されることを求めていない。理解されることを望んでいる。**


だから、人と向き合うときは、「判断に気をつける」「よく理解する」ことなのです。

誰も、わかりあえない関係など、望んでいないはずです。わかりあえるほうが楽しいし、前に進めます。相手に伝わっていると思えることが嬉しいし、わかってもらえたら、もっと嬉しい。相手が自分を理解しようと努めてくれるなら、心を開くことも可能になります。

誰かを前にしたら「**まずは数秒、理解する**」という心がけに立ちましょう。

相手をよく見て、よく聞いて、まずは「わかった」（理解した）と頷くようにするのです。それだけで、関係は変わっていきます。

「相手にとって」を最初に考える

人との関係には、もうひとつ大事な心がけがあります。特に〝相手に働きかける立場の人〟が知っておくべき心の使い方です。

たとえば、親が子を育てる。上司が部下に指示を出す。先生が生徒を指導する——こうした関わりにおいては、ただ「〜しなさい」と伝えるより、もっとうまくいく方法があるのです。それが「**理解して励ます**」という向き合い方です。

人と関わるときは〝理解する〟ことが第一です。その上で〝正しい思考〟を思い出してください——方向性を確かめて、今何をなすべきか、方法を考える、という思考です。

この思考に立って、相手とも向き合います。つまり、**①相手をよく理解した上で、②相手にとっての方向性を確認する、③相手がなすべき方法を考える**——のです。

「そうか、そうだね」「何ができるといいと思う?」「今できることは?」「では、やってみようか」という言葉がけになります。

もっとも「相手にとっての方向性」が明確に見えている人は、多くありません。いくつかの方向性を挙げてみると、

○子供にとっての方向性は、社会で仕事を見つけて、自立して生きていくことです。
○家族や友人同士の方向性は、「わかりあえる関係」です。それだけで十分です。
○仕事の方向性は、「作業を前に進める」「効率・生産性を高める」「成果を上げる」ことです。
○企業の方向性は、社会に価値あるものを創り出すこと、その結果として利益を上げることです。

大事なポイントは、「**この人・この場所にとって、最善の方向性は何だろう？**」と考えることです。今後どうなることが、相手にとって最善なのか。

注意したいのは、自分の判断を入れないことです。「自分が最善と思う方向性」ではありません。それでは、判断の押しつけに戻ってしまいます。

あくまで相手をよく理解し、相手にとって最善の方向性を、敬意と思いやりをもって考えるのです。その心がけに立てば、こんな言葉も出てきます——

「どうしたいですか？」

「わたしにできることは何ですか？」

これらは相手を理解しようと「聞く」ことから入る言葉です。

「〜しなさい」とか「こうあるべき」といった判断の押しつけとは、正反対です。

聞くことから入れる人は、当然のことながら、聞ける人、つまり理解できる人です。

相手の側からすれば、聞いてくれる人、つまり信頼できる人ということになるのです。

出家者ゴータマ・ブッダは、「さあおいで」「よく来たね」と語る人であり、
親しみやすい言葉を語り、朗らかに接し、開かれた心で、
自分から働きかける人である。

ディーガ・ニカーヤ

めざすは「ダウン型」ではなく「アッパー型」

「そうは言っても、早く結果を出さないといけない。まずは聞くなんて悠長なことは言っていられない」と言いたくなるかもしれません。

特に、子供の教育や、部下や学生の指導など、「やってもらわなければ（やるのが当然）」と考える場面は、よくあります。しかし、だからといって焦って、叱って、押しつけても、うまくいかないことは、わかりますよね。

「やらせる」という発想以上に、大事なことがあるのです。それが「見えている」ということです。こちらが見えていなければ、話になりません。

見えるとは何かといえば、方法（やり方）がわかっていること――個人なら、①作業と、②段取り（進め方）。チームや組織なら、③それぞれの役割、が加わります。

これを**「聞かれたら、いつでも答えられる」レベルで、こちらが理解している必要があるのです。**

人に働きかけるときは、「わかっていますか？（見えていますか）」と聞くことが、基本になります。わかっていないようなら、「ここは、こうします」と、具体的な作業を見せる必要があります。自分に見えて初めて、人に促すことができるのです。

指導が苦手な人は、こうしたやり取りが苦手です。一方的に「やれ」と言ったり、「言わなくてもわかるだろう」と楽観（妄想）したり。そのくせ教えてくれと言われたら、言葉に詰まってしまいます。「見えていない」のです。

他方、指導が上手な人は、何をめざすか、どうすればいいか、よく見えています。言葉にして伝えることも上手です。

見えているから、寄り添えるし、励ませるのです。「ここは、こうすればいいんだよ」「では、やってみようか」「よし、始めよう」――魔法のように、ごく自然に背中を押せるのです。

見えていないのに押しつける大人は、要反省です。教えられないのに、勉強しなさいと叱りつける親や、ついていけないくせにエラそうにしている管理職などです。

自分に見えないことは、自分の役割には入りません。口を出してはいけないのです。

「あなたの人生だから、あなたに任せる。わたしにできることは、やってあげる」というのが、正しい向き合い方です。

人間関係の理想は、上からの押しつけではなく、上をめざしての励ましです。上から下への〝ダウン型〟ではなく〝アッパー型〟（上向き志向）の関係です。

人に働きかけるなら、まずは自分が見えるように、勉強しなければいけません。

自分に見えることなら、励ませます。一緒にやったり、助けてあげたり、「頑張ろう」と背中を押すことが可能になります。

こうした関係なら、互いに喜びが生まれます。「見てくれている」ことが嬉しいし、見守る側も楽しくなります。

「理解して、励ます」――これが人間関係のゴールです。頑張ろうではありませんか。

ダウン型とアッパー型の関わり方の違い

ダウン型　―― 上から目線の関わり方

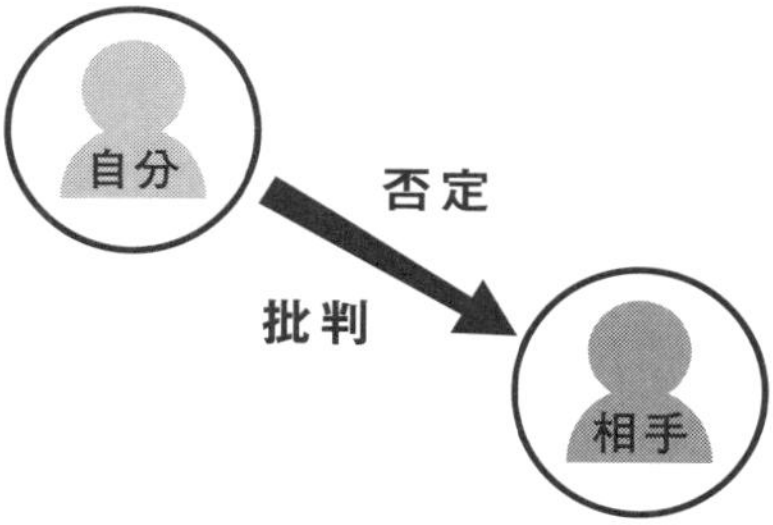

アッパー型　―― 理解して励ます関わり方

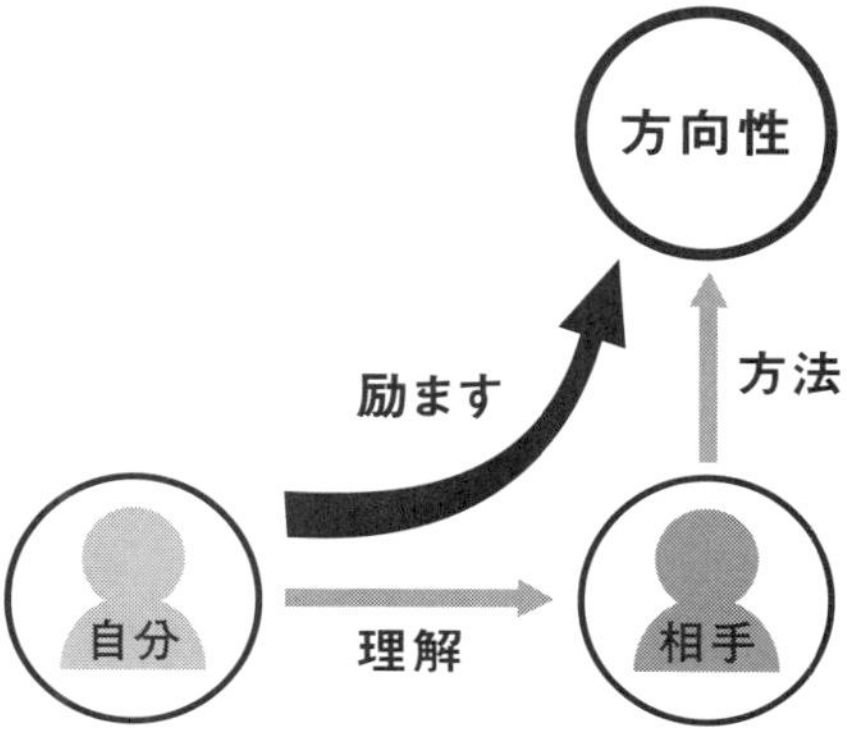

前を向いて家路につけるか

理解して励ます——置かれた状況は違いますが、著者である私自身も、向き合い方を試される機会がけっこうあります。

ここでお話しするのは、かつて私が体験した、比較的ハードな（しかもちょっと変わった）一日の話です——。

渋谷のセンター街で再会したとき、男はまたも呑んだくれていました。ヤクザの下請けとして日銭を稼ぐホームレスの男です。暗がりの中で目が完全に据わっています。「今朝はすんませんでした。詫び入れたいんで、つきあってもらっていいスか」

代々木公園での朝の騒動の後でした。その日の炊き出しで、男は酒を飲んで大暴れしたのです。私と二人で話をして、「もう二十年近く会っていない」という男の母親に、手紙を書こうという約束で、その夜再会したのでした。

タクシーに乗り、新宿繁華街の路地裏にある、怪しげな雑居ビルに着きました。

ひと一人通れる程度の細い階段を地下に下りると、薄暗いバーがありました。「ボトル入れていいスか」と低い声で言います。タクシーといい、バーの飲み代といい、お金は大丈夫かと聞くのですが、「ワシに任せてください」の一点張りです。男はボトルを開け、私はただのウーロン茶で、男の話を聞いていきました。

男の父親は、ヤクザの下っ端で、ほとんど家に帰って来ませんでした。たまに家にいるときは、寝るか、飲むか、気が狂ったように暴れるか。男も、子供の頃はボコボコに殴られ、タバコの火で焼きを入れられたと言います。

母親も、自分を叩いたり罵倒したり。男は小学生でカツアゲを覚え、中学はほとんど行きませんでした。だから文字もろくに書けません。どんな罪を犯したのかは言いませんでしたが、両親とも刑務所に入っているのでした。

男の仕事は、生活保護ビジネスの下請けです。暴力団がホームレスを安アパートに囲って、生活保護費を巻き上げる。そのホームレスを集めることが、男の仕事でした。

男の身の上や稼業の善し悪しは「判断しない」のが、仏道です。簡単に答えを出したり、押しつけたりするのは、自己満足にすぎません。ただ聞いて、受け止めます。

「和尚さんは、なんで出家しよったですか?」と、こちらの身の上も聞いてきます。

夜十時をすぎて、男はこう言いだしました。

「すんません、カミさんに電話してきていいスか?」

結婚していたとは、びっくりです。「もちろんいいけど」と言うと、「すぐ戻ってきます」と言って、階段を駆け上がっていきました。


それきり……男は帰ってきませんでした。


日付が変わる時刻が近づいてきました。男はまだ戻って来ません。「逃げたんじゃないの?」とバーの店員は言います。男の携帯に電話すると、「おかけになった電話番号は──」

どうやら、逃げたらしいのです。反応せずに、理解しました。

さて、問題はここからです。どう受け止めるか。俗っぽく反応するなら、「逃げられた! 電話番号は控えてある! 警察に連絡だ!」ということになるでしょう。

しかし、私が依って立つのは、仏道です。ブッダの教えに基づいて、すべてと向き合うというのが、この身の生き方です。

「和尚さん、悪いけど、ボトル代払ってくれるかな」と、店員が言います。ウーロン茶しか飲んでいないのに。お代は「一万七千円」——高いのか安いのか、バー初体験の私には、わかりません。ただ、寺も身寄りも定職もない出家には、大きな金額です。

こんなときも、足の裏を意識します。すると雪駄に隠していた千円札一枚の感覚が……当然足りません。

結局、店員さんに見張られながら、繁華街のコンビニで、お金を下ろしました。

そのとき私が思ったのは、「こんな場面で下ろせるお金があることの、ありがたさ」でした。そもそも出家は、何も持たない（執着しない）種族です。モノも住み処《か》もお金も、いわば〝ひとさまからの授かり物〟です。たまたま手元にあるが、やがて離れていくものです。

思えば、日本に帰ってきたときは、仕事もお金も住む場所もない、四十すぎの出家僧でした。最初の二日は野宿しました。

なんとか部屋を見つけて転がり込んで、仏教講座を開いて、それでもかなり長い間、誰も来なくて、それでも続けているうちに、少しは人が来てくれるようになり、いくらかのお気持ちをいただき、娯楽や贅沢はしないので口座に預けていた幾ばくかのお金が、残っていたのです。

「それだけ、ひとさまから授かってきたということなんだな」と受け止めました。

終電間際の電車に駆け込んで、飯田橋からの坂を、ひとり歩きました。

東京の明るい夜空を見上げながら、想ったのは、ブッダの教えです。

生きることには、苦しみが伴う――。

これは、ブッダが人々に最初に伝えた〝四聖諦《ししょうたい》〟という教えの冒頭です。①生きることは、苦しみである。②苦しみには原因がある。③その原因は取り除くことができる。④取り除くための道＝方法がある――という教えです。

この教えは、自分の苦しみだけを語ったものでは、ありません。無論、自分についても真実ですが、本当の意味は、

〝人生は苦しみを伴う〟という真実を、
相手に、すべての人々に、そして、あらゆる生命に向ける——

ことにあるのです。自分のことは脇に置いて、相手の苦しみを見るのです。

今朝の酔っぱらって暴れていた男の姿。

「ウチの母ちゃんな、刑務所入っとるんじゃ」と、公園で泣き出した男の表情。

夜の店で聞いた、男の壮絶で痛みに満ちた半生——。

ラクであろうはずがない。子供の頃から傷つけられ、蔑まれ、疎まれて、今もさまよっているかのような人生がありました。

その苦しみを理解する——それを想いの最初に置くのです。

そのとき、私の胸に湧き上がってきたのは、こんな思いでした——

がんばれ——。

がんばれ。がんばろうや。がんばりや（関西弁）。がんばろうぜ——いろんな言い方で、語りかけました。男の人生の幸せを願うこと。「あなたが幸せであるように」——その〝慈しみ〟をもって、男の姿を想い浮かべ、語り続けました。

思い（反応）というのは、依って立つ〝心の土台〟によって、いかようにも変わります。もし貪欲や怒りに立ったならば、騙された、裏切られた、奪われた、なんとしても取り返さねば、と考えるかもしれません。

しかし〝正しい心の土台に立つ〟とは、そういうことではないのです。欲や怒りに基づく反応は捨てる。理解するという心がけに立つ。〝相手の苦しみを理解する〟ことから、始めるのです。

相手の苦しみを理解すれば、怒れません。

相手に慈しみを向けたとき、「がんばって生きていこう」という思いが、自然に湧いてきます。

坂を上りながら、とても暖かい思いを感じていました。不思議でした。励ましというか、友情というか、どこまでも開かれた、ぬくもりのある心を感じながら、ひとり部屋にたどり着きました。

翌朝――、電話がかかってきました。男の声です。

「すんませんでした……」と、唸るようにつぶやきます。

「ワシは……酒が入ると、ワケがわからなくなるんですぅ」

私はひとことだけ、伝えました――「電話してくれて、ありがとう」

もしあなたが昨夜逃げたきりだったら、この関係は終わっていた。だけれど、こうして電話をくれたことで、再びつながることができた。つながっていることほど、大切なことはない。だから、ありがとうと伝えたい。そう話しました。

男はその後も、何度か会いにきました。「駅まで来ている」というので迎えに行くと、泥酔して寝っ転がって、駅員に揺すられていることもありました。

男の人生が、その後変わったわけではありません。母との再会も、まだのようです。

ただ、私と男とのつながりは、断たれることなく続いています。

理解して励ますというのは、ときに時間がかかります。ただ、その時間を省略することはできません。正しい心の使い方をもって、誠意を尽くして向き合うことが、ただ一つの正解なのです。

これは、困難な道のりというより、大きくて、尊い道のりです。出会った人は、その先を生きていく。世界は未来へと続いていく。

理解して励ますという関わりは、新しい可能性を育てていく、創造的で、最も価値のある道のりです。

たくさんの歓びを受け取って、「この命は善く生きた」という納得が後に残る、幸せな道でもあります。

CHAPTER5

越える
OVERCOME

理解する力が、
現実を「ただの課題」に変える。
悩みは、一生抱えるものではない。
理解して越えていくものだ。

「見えない心の重力」を越えてゆけ

心を曇らせているのは、第一に心の反応です。貪欲と怒りと妄想と。そして承認欲が作り出す〝慢〟が、日々の苦悩を作り出している反応の正体です。

しかし「なぜ、その反応をしてしまうのか?」については、理由がわかる場合と、わからない場合があります。

「人の言葉に傷ついた」というのは、理由がはっきりしています。言葉に反応したのです。「この人といるのが苦痛」というのも、理由はわかります。相手の存在が不快なのです。

ところが、「自分でも理由がよくわからない」ということも、意外と多いのです。

「特に心当たりはないが、イライラが募ってしようがない。楽しいことが滅多にない」と、ある人はこぼします。「なぜか定期的に落ち込んでしまう」「何度転職しても、人間関係が苦痛になって辞めたくなる」という人もいます。

人によっては、何十年も、似たような心境や苦悩を抱えていることがあります。

こうした**〝理由が見えない苦悩〟を作り出している原因は、何なのか――？**

原因は、ずばり**〝業《ごう》〟**です。業の克服をめざすことで、正体不明だった長年の苦悩から抜け出し始めます。

〝業〟というダークサイドに要注意

業とは、同じ反応を繰り返すようにと、心の奥から働きかけてくる力です。

わかりやすい例が、「性格」であり「慢性的に続いている気分」です。自分で選んでいるのではなく、いつの間にかそうなっている心の状態です。

これは、無自覚のうちに繰り返している〝反応のパターン〟です。「心のクセ」と呼ぶことも可能です。

この種の反応は、自分でコントロールできません。怒りっぽい人は、小さなことにも怒ってしまう。緊張しやすい人は、人前に出るだけで身構えてしまう。

こうした心のクセが、仕事や人間関係に出て、「また、やってしまった」と苦い思いを味わう。このパターンを作っているのは、心の奥底で働いている業なのです。

業の特徴は、①すぐ同じ反応をしてしまう。②長い間繰り返している。③理由がよくわからない、④人によっては限界（これ以上続けられないと思うほどの苦悩）に直面する――などです。

業がつらいのは、事あるごとにぶり返すことです。数カ月ごとに定期的に襲ってくる人もいれば、夜寝ている間に蘇ってきて、うなされる人もいます。さらには、四六時中業に駆られて、ダウン寸前の人もいます。

「そういえば、わたしも同じ反応を繰り返している気がする」
「ずっと同じことで悩んでいる気がする」

そう思い当たる人は、多いのではないでしょうか。もしかすると、業を抱えているのかもしれません。

「心を縛りつける力」の正体

業は、本人が自覚できないだけに、容易に克服できません。メンタルヘルスや心理学の領域でも、まだ注目されていませんが、仏教の世界では〝**人間を苦しみに縛りつける根源的な力**〟として語り継いできました。

原始仏典に、こんな言葉が記されています——

輪廻——苦しみの繰り返し——は、
執《と》われを機縁として（執着が原因となって）生じる。
その根底には、業が潜んでいる。業は、思い・言葉・行いの三つに現れる。

アングッタラ・ニカーヤ

「執われ」とは、ひとつの反応が持続するに至った精神状態（執着）です。いっときの反応なら、すぐに消えますが、強く反応（結生）すると、その感情や記憶が続きます。その続いている精神状態が「執着」であり、これを種類で分ければ、貪欲・怒り・妄想という「三毒」になります。

業は、こうした〝反応→執着〟のパターンを根底で作っている力です。心が刺激に触れた瞬間に「反応しろ」と働きかけてきます。

たとえば〝怒りの業〟なら、他者への「怒り」や「敵意」を促します。〝妄想の業〟なら、「不安」「不信」「自分には無理」といったネガティブな思いを作り出します。

別の反応もできるはずなのに、業に駆られて、いつも同じ反応を選んでしまう。その反応が、執着と化して続く。これが〝輪廻〟——苦しみの繰り返し——を作る。

これが、ブッダの言葉から見えてくる〝心のからくり〟であり、長年繰り返されている悩みの正体です。

業は見えない力

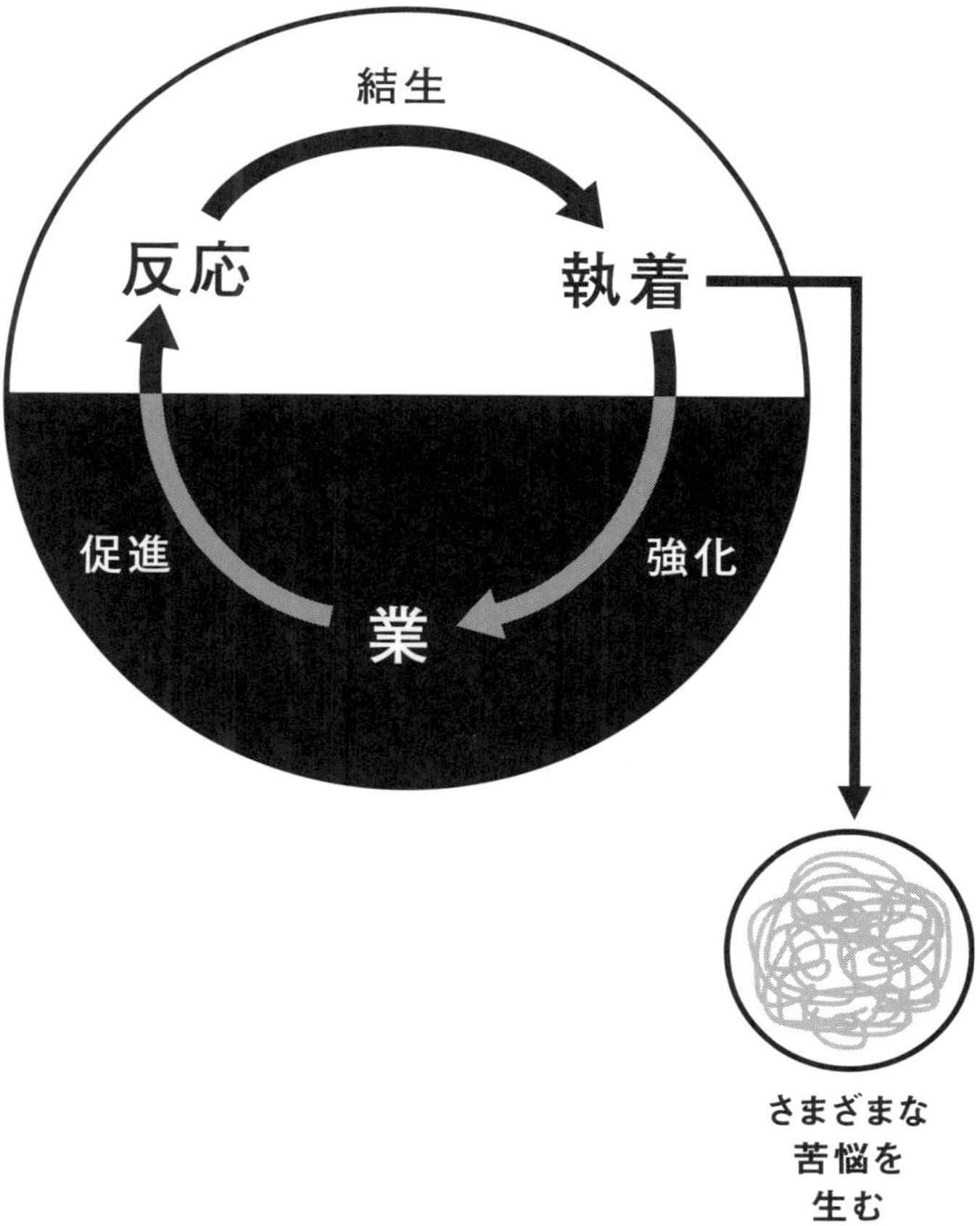

理屈を追うな、心を変えよ

ちなみに仏教の世界では、業は〝前世から来世への生まれ変わりを決める力〟だと言われることがあります。いわゆる「輪廻転生《りんねてんしょう》」という物語です。

しかし、この物語は、誰も確かめたことがありません。科学なら、同じ手法を採れば、同じ結果が出るという「検証」を通じて、真実かどうかを確かめることができます。しかし輪廻という物語は、確かめる術がありません。

実は、ブッダ自身は、輪廻を別の意味で語っていた可能性があります――

今のバラモンたちも、昔の聖者たちも、実際に天界を見たこともなく、知りもしないのに、この道が天界に至る道であると説いている。
これは、無意味（非合理）であり、空虚な妄想に他ならない。
天界への道を訊ねた二人の青年たちへの訓示　ディーガ・ニカーヤ

この世界をめぐるさまざまな見解があろうとも、人生があり、老いと死があり、
憂いと心の傷と、悲しみと日々の煩悶がある。
こうした現実の苦しみを越える道を、私は伝えるのだ。

マッジマ・ニカーヤ

つまり、**経験しえないことを語るな、自身の苦悩を越えるために、役に立つ方法だけを実践せよ**、というのです。

たしかに、私たちが知りうる人生は、今生きている「この人生」だけです。生まれてから旅立つまでの時間だけが、「自分の人生」です。

「前世」や「死後の世界」を想像することは、自由です。しかし、もっと大事な問いがあるはずです。それは「今感じているこの苦しみを、どうすれば越えられるか」という一点です。

その問いに対して、誰かが語る物語を「信じる」のか、それともみずから実践しうる方法を「理解する」のか——ここは、あなた自身が選んでください。

本書では、後者の道こそ、すべての人が共有しうる答えになるという前提で、お伝えします。

苦しみを繰り返すものよ——私は汝の正体を知った。
心のからくりは見抜かれ、苦しみを作り出す働きは、ついに壊れた。
この命は、最高の理解に到達した。もはや苦しみが宿ることはない。

悟れる者の言葉　ウダーナ

この真理は、かつて人が聞いたことのないものであり、
新しい理解と思考の礎《いしずえ》となるものであり、
苦しむ人々に救いの光明をもたらすものである。

初転法輪の時　サンユッタ・ニカーヤ

「心のクセ」と決別しよう

業という厄介な心のクセを抜けるには、どうすればよいか。基本は、やはり〝理解する〟ことです。

理解するという言葉は、つくづくシンプルですが、その破格の効果を体験している人は、多くありません。ありがちなのは、観念的に〝わかった気〟になってしまって、心の状態を変えるところまで進まないことです。

ここは〝**業を理解して、業の力から自由になる**〟ことをめざしてください。

業が見えない間は、とても苦しいものですが、理解が進むにつれて、次第に振り回されなくなります。やがて心のクセが弱まって、同じ悩みを繰り返さなくなった、少し性格が変わってきたと思えたら、「業を克服した」ことになります。

業をラベリングする

業を理解するには、コツがあります。自分なりに名前をつけてしまうのです。「わたしには、こんな心のクセがある」と自覚すること。ラベリングの応用ですね。

その上で「**心のクセが出てきたときは、気をつけよう。別の心の使い方があるはずだ**」と思い直せれば、ベストです。

代表的な業のタイプを挙げてみましょう。自分は、どの業のタイプに近いか、考えてみてください（厄介な「あの人」の業も、考えてみるとよいかもしれません）。

代表的な業（心のクセ）のタイプ

●**求めすぎる業**――「もっと多く」を求めてしまう。現状に満足しない。上昇欲が強い。自分はもっと認められて当然だと思っている。要求水準が高い。完璧主義。求めすぎるあまり、人の顰蹙《ひんしゅく》を買うことも。

いつも心に余裕がない。せっかちで落ち着かない。

●**怒りの業**――いつもイライラしている。毎日が楽しくない。他人の言動が癇《かん》に障る。いつも文句を言っている。他人のせいにしたがる。ストレスが溜まりやすい。怒ったり、塞ぎ込んだりと、感情の起伏が激しい。

●**慢の業**――自分が正しい・一番偉いと思っている。「～しろ」と当たり前のように命じて、相手の思いを聞こうとしない。都合が悪いことは、他人のせいにする。自分が中心でないと気がすまない。上に立ちたがる（虚勢を張る・人にケチをつける・自分に従わない相手を糾弾する）。

●**妄想の業**――過去ばかり振り返る。将来を悲観する。不安になりやすい。「あの人はこんな人間」「世の中はこんなもの」と決めつける。思い込みが激しい。人を疑う（裏の意図を勘ぐる）。本人に現実感がない（現実から乖離・遊離しているように思える）。

●自己否定の業――自分はダメだ・できない・価値がない・人より劣っていると思い込んでいる。人前だと緊張してしまう。臆病・消極的になりがち。他人がみな、優秀で魅力的に思えてしまう。自分の存在が迷惑ではないかと疑う。

――いずれも、たいへん多い業のタイプです。特に多いのは、怒りか慢の業でしょう。〝怒りと慢のハイブリッド〟(融合型)もあります。キレやすいパワハラ上司や、やたらと怒って命令したがる親などは、その一例です。

妄想の業も、最近増えています。頭がいつも〝妄想モード〟で、「周りが見えていない」「何か別のことを考えている」と思わせる雰囲気の人です。スマホ・インターネット・ゲーム漬けの環境も、影響しているかもしれません。

業は本来〝人の数だけある〟といっていいほど、多種多様です。「人目を気にしてしまう業」もあれば、「考え込んでしまう業」「神経質な業」「お利口さんでいたがる(褒められたい)業」もあります。

業のタイプを自覚するのは、〝日頃の反応のパターン・心のクセに気づくため〟です。だから、自覚しやすいように、独自の名前をつけてかまいません。

大事なのは、「**ああ、また心のクセが出てきている。これは○○という業なのだ**」と自覚する（気づける）ことです。その経験値が増えるほど、抑えることが可能になります。

「この心のクセを切り換えていこう。心はやり直せるものだから」と、あえて楽観したいものです。〝自分を越える〟ことほど、価値ある生き方はありません。

前に進むために「一日を振り返る」

心のクセは、自覚することが難しいという特徴があります。仮に自覚できたとしても、業の力に負けて、つい反応に流されがちです。

だから当面は、「**あとで気づく**」ことで、自覚を深めていくことになります。

「また反応してしまった」「また業が出てしまった」と、しっかり反省するのです。

ブディズムにおける「反省」とは、自分を責めて落ち込むことではなく、「はっきり理解する」ことです。

お勧めの方法は、①**目を閉じて一日を振り返る**、②**心のクセが出た出来事を、日記に書く**、③**黙って聞いてくれる相手に話をする**——ことです。

「こういうことがあって、わたしはこう反応して……」と、事実と反応とを分けるつもりで言葉にします。「心の履歴を振り返る」作業ですね（第一章）。

その上で、ラベリングします。「あのときの自分の反応は、何だったんだ?」と、じっくり言葉で捉えようと努めます。たとえば、

「相手に期待していたんだな。求めすぎていた。これは貪欲の業か」

「かなり緊張した。承認欲が働いて、人にどう見られるかを気にし過ぎた。こういうことが自分には多い。妄想の業かもしれない」

「これは嫉妬か。求める気持ちが過剰で、怒りが湧いた。承認欲と怒りの業が回っているのかも」

という具合です。やがて見えてくるのは、繰り返される心のクセのようなもの、つ

まりは業です。最初は捉えきれないかもしれませんが、ブディズムを学び、「心を見る」「言葉で確認する」作業を積んでいくと、次第に見えてきます。

〝自分の心のクセが見える〟というのは、画期的なことです。〝人生の革命〟とさえ言っていいかもしれません。

というのも、業は本来、本人には見えないのです。あなたの周りにもいるであろう、慢や怒りの業の持ち主を見れば、それは一目瞭然です。

見えないからこそ、繰り返す――それが業の特徴です。自覚がない。反省もない。人によっては、一生業に支配されて、人生を終えることもあります。

問題は、そうした繰り返しに、いつ気づくかということ。気づけた人は、成長できます。長引く苦悩を〝卒業〟できる可能性も出てきます。

心のクセが抜けることほど、幸せなことはありません。というのも、**業は、日常の反応・決断・人間関係・仕事ぶりのすべてに、影響しているのです。その心のクセから自由になることが、いかに大きなことか――**。

いくら強調しても足りないくらい、業が見えるというのは、価値あることなのです。

足を引っ張っているのは「親の業」？

自分の業を越えてゆく上で、もうひとつ答えを出しておきたいテーマがあります。それが〝**親の業から自由になる**〟ことです。

「なんで親が関係するのか？」と意外に思うかもしれませんが、日々のストレスの根底には〝親の業〟が隠れていることが、とても多いのです。

社会の一線で働いていても、子供が生まれても、シニアになっても、自らの親の業に（自分でも気づかないまま）苦しんでいる人は、大勢います。

たとえば、ある女性（三〇代）は、仕事はできるのですが、褒めてくれない上司に、拗ねて反抗的な態度を取ったり、落ち込んだりと、感情の浮き沈みが激しくて悩んでいます。

その心の底にあるのは、「もっと承認してほしい」という心の飢えです。〝求めすぎる業〟が働いているのです。

求めすぎるから、上司の態度が否定的に見えてしまう。「評価されていない（わたしを見てくれていない）」と感じる。「もっと認められるように」と頑張りすぎて、敬遠されてしまう――。

なぜ求めすぎてしまうのか。**浮かび上がるのが、親の業です。**

もし親がなんらかの業（たとえば怒りの業）を抱えていて、子供に冷淡だったり厳しかったりすると、子の心には「認めてほしい」「優しくしてほしい」という満たされなさが募ります。

一般に、親の業から子供が受ける影響には、大きく二つのパターンがあります。影響というより〝業の遺伝〟と呼んでいいかもしれません。つまり――

①学習して、そっくり同じ心のクセを背負う。
②反発して、怒りの業をこちらが育てていく。

という二つのパターンです。これが、性格、つまり心のクセとして残るのです。

だから、「親のようになりたくない」と思いつつ、「親とそっくり同じ性格になっている」ということが、かなりの確率で起こります。

「親と仲がいい」「いいところをたくさん受け継いだ」と思える人は、幸運です。しかし世の中には、長い間同じ悩みを抱えたままの人が、大勢います。

そうした人が真面目に考えていいテーマのひとつが、親の業なのです。

親の業から脱出する４つのステップ

「自分は明らかに、親の業に影響されている。親の業から自由になりたい。もっと穏やかで安定した心で過ごしたい」という人は、次のステップを踏んでください。

①**親の業（心のクセ）を客観的に理解しようと努める。**一人の人間として冷静に見るように心がける。

②親との関係が苦しみの原因だと自覚できるなら、**距離を置く**ことを考える。なるべく心を刺激されない環境を作る。

③その上で、**自分の内なる業と向き合う。**心のクセが出てくるたびに「出てきた」と自覚する（ラベリング）。

④食べる・体を動かすなど、**感覚を使う時間を増やす（サティ）。**

ここで大事になってくるのが、①親の業を理解して、②距離を置くことです。親の業を理解するには、親を「ただの人間」として見るように努めます。親というより「そういう人」として、若干突き放して理解するのです。

そのとき〝業のリスト〟を使います。どれも当てはまらないと感じたら、自分なりに観察して、ぴったりの業の名前をつけましょう。「うちの親は自分が絶対の〝世界の魔王〟タイプ」とか「放っておけない妄想&依存タイプ」「コンプレックスで固まった怒りの化石タイプ」など――。

見切りをつけるには、ある程度〝辛口〟のほうがいいかもしれません。

ラベリングは、自分の業だけでなく、厄介な他人、特に親の業にも効くのです。「客観的に理解しよう」と努めることで、次第に、親の業の「呪縛」（といってよいほど強い影響）から自由になっていきます。自由をめざさねばなりません。

「距離を置く」ことをためらわない

もうひとつ意味を持つのが、親であるその人と距離を置くことです。実は、**自分の業に悩み続けてきた人が、劇的に変わり始めるのは、「親と離れた後」**だったりします。

これには、確かな理由があります。というのは、親と関わっているかぎり、親の存在は、つねに心にあります。その半ば妄想状態の中で、親との過去や、親の言葉やふるまい、今も続いている関係に、心は常時反応しています。

その反応は、過去に繰り返してきたパターンそのものです。その反応が蓄積・強化されて、自分の業と化してきたのです。

ということは、親から受け継いだ業に悩んでいる人は、親と関わっているかぎり、その業を越えられないことになります。

自分の業から自由になるには、親の業から自由にならねばならない。

そのためには、一度、親と距離を置くしかない――。

これが〝避けられない選択〟になる人は、確実に存在します。

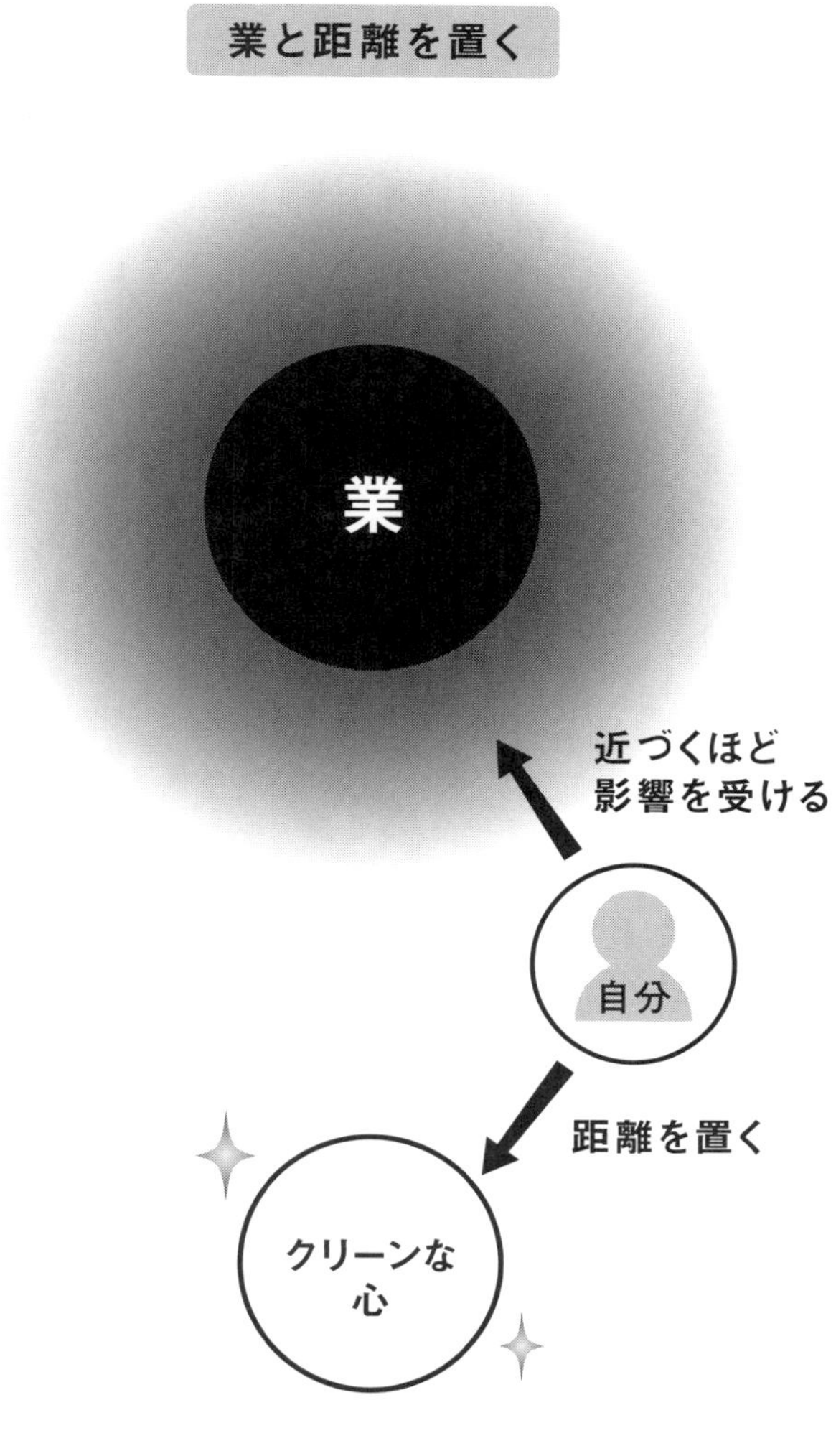
業と距離を置く
業
近づくほど
影響を受ける
自分
距離を置く
クリーンな
心

実際には、親と距離を置くことが、難しい場合もあります。その場合はせめて、「そういう人」として向き合い、親の業を理解して**「もう反応しない。わたしの人生は、この人とはまったく別物」**と、毅然と割り切るように頑張ってください。

その一方で、やっぱり**「もうさんざん苦しんできた。親の業が、自分を縛っていることが見えた。だから距離を置きます」**と決意していい人も、大勢います。

外の世界とどう関わるかに答えを出さねばならないように、親との関係にも、答えを出す必要があるのです。仕事や結婚などと並んで、人生のある時期に〝自身の生き方〟として答えを出すべき問いの一つです。

なお、「親」と「子」というのは、仏教的には、ただの概念、つまり妄想にすぎません。**〝絶対に関わらなければいけない関係など、存在しない〟**というのが、仏教の発想です。

誰とどのように関わるかを決めるのは、自分自身です。自分が選ぶかぎり、何を選んでも、正解になりえます。その選択が正解だったかは、その後の生き方で決まります。まずは踏み出してください。自分自身のために。

生涯つきまとうのは〝心〟です。自身の心の苦しみが、どこから来るのか、その原因を突き止めて、越えることを決意して初めて、本当の人生が始まるのです。「親の業」が原因だとわかったなら、その関係に執着しないこと。いったん相手の業から自由になって、クリーンな心をめざすことです。

それが、人生の基本。そのうえで、もし自分が望むなら、もう一度関わりを作っていけばいいのです。

生き方も、関わる相手も、「こうでなければ（これしかない）」と決めつける必要はありません。〝正しい思考〟を使って、正しい答えを出すこと。もっと自由に生きていいのです。

大丈夫、もう恐いものはない

道を歩くと、多くの人とすれ違いますね。電車の中でも、見知らぬ人たちと一緒になります。その中には、人知れず業に悩んでいる人が、大勢います。職場にも、家庭にも、学校にも、およそ人がいるところには、業ゆえの苦悩が潜んでいるものです。

業は、心を支配する最も根深い力です。これを克服するには、覚悟と時間が必要です。ただ、業を越えていく覚悟さえ決まれば、あとは恐いものなしです。心のクセが出てくるたびに自覚して、反応に流されないように努めていけば、やがて業とつながっていた数多くの苦悩が消えていきます。

すべての苦悩は、心が作る。心を縛る最も強い力が、業である。
ならば、業を越える生き方を選ぶことで、多くの苦悩を解決していける――。

だからこそ大事なのです。心を洗うプロセスの最後に、あえて業という重めのテーマに触れたのは、確かな理由があるのです。

幸いなことに〝業を越える方法〟は、ブッダが教えてくれています。しっかり実践すれば、必ず心は自由になっていきます。

一歩ずつ、明るい方角へ進んでいきましょう。

この世界の「毒」に染まらない

業にちなんで、ほんの少し大きな話に、お付き合いください。この世界を突き動かしている〝巨大な業〟についてです。

業は、一人ひとりの課題に留まらず、この社会、もっと大きくいえば、人間という種そのものの課題でもあります。というのも、この世に生きる人間は、みな心を持っています。その心に業があり、その業が反応を駆り立て、結果的に、貪欲・怒り・妄想、そして慢を作り出すことは、共通しています。

この世界を動かす政治や経済や法律、さらには文化、価値観や生活習慣まで、すべては〝心〟から始まっています。心が、この世界を作っています。

とすれば、**この世界を突き動かしているのは、人間の心に潜む〝業〟である――**。

そう捉えることが可能です。


人類が抱えている業を、ざっと振り返ってみましょう。

ひとつは、**貪欲**です。過剰な利益や権力を求めて止まない心の動きです。

思えば、貧困や格差というのは、一部の人間の貪欲によって、富の再分配が機能していないことが、根本的な原因です。今や、一年に生み出される全世界の富の８割以上が、全人口の１％に満たない最富裕層に独占されるというのは、貪欲がもたらす世界の歪みといえます（国際ＮＧＯオックスファムが二〇一八年に発表した試算）。

今は、国と国との関係も、分断を深める一方ですが、これも、一部の指導者たちの飽くなき支配欲によって引き起こされている部分があります。

経済もまた、今後ますます貪欲に支配されていく危険があります。ＡＩ（人工知能）その他の技術革新は、第一に、資本家や権力者の貪欲に基づいて使われるだろうからです。

となれば、どんな問題が出てくるか――**格差の拡大と、一方的な管理と利用**です。

多くの人間が、少数者の貪欲に都合よく利用されることになります。「価値がない」として蔑まれたり捨てられたりする人々も、増えていくでしょう。

一部の人間は豊かでも、社会全体の不幸の総量は増えていく——それが、貪欲という業が、社会にもたらす帰結です。

怒りというのは、苦しみを強いられたときに生じます。

戦争や差別や暴力などによって苦しみを強いられている人は、数えきれないほど存在します。

怒りには、原因があります。その原因を克服することが、正しい方向性です。理不尽な仕打ちには、声を上げる必要があるし、社会のあり方に問題があるなら、法律や制度を変えればいい。もし自身の心が怒りを作り出しているなら、自分の努力によって怒りを越えていかねばなりません。

しかし、こうした努力を妨げるものがあります。それが、**妄想**です。

傷つけられる人たちの苦悩より、自分の欲望を優先させようとする。現状を改善するより、自分に有利な状況を守ろうとする。他者を否定してまで、自分が価値ある存在だと思いたがる。

人間は昔から、「自分はこう思う・こう考える・これを信じる」という妄想に縛りつけられてきました。個人的な傲慢や差別意識だけではなく、イデオロギーや宗教や、人種、民族、歴史、国家といった〝妄想〟によって、自己を正当化し、他者を否定し続けてきたのです。

慢は、妄想と表裏一体です。**慢に囚われた心は、他者を苦しめることを、なんとも思いません。**自分が思うことは、すべて正しい。異論は認めない。都合の悪い現実は、嘘だ、まやかしだ、排斥しろ、と責め立てます。

特に今の時代は、インターネット・ＳＮＳという、慢と妄想を際限なく肥大させうる空間があります。もちろん情報共有や交流などプラスの価値もあるでしょうが、その半面、誰かの慢や妄想に触れて、心が毒されることや、毒が共有されて広がっていく危険も、多分にあります。

慢は、承認欲を満たせる快があるだけに、容易には手放せません。今や、個人の内面に留まらず、政治も国際関係も、人々の言葉やふるまいまでもが、慢と妄想の業に覆われつつある観さえあります。

この世界が、心によってできているとしたら、〝心の反応の総量〟が、世界のもうひとつの姿です。個人の心に毒が増えているのなら、この世界全体の毒も、確実に増えていることになります。

かつてブッダは、執着に囚われた人々の姿を想って、〝苦しみを越える道〟を伝えることを躊躇したといわれています。

ブッダは想った――困難を経て、私が理解したことを、人々に伝えることは、徒労である。これは世間の風潮に逆らい、精妙にしてあまりに深い。
執着に囚われて、物事の真相が見えない人々には、きっと届かないであろう。

神は語った――ああ、世界は滅びる。
目覚めた人が、人々に真実を伝えることを、ためらっているから。

マハーヴァッガ　伝道前夜

たしかに今日に至るまで、人間は、貪欲と怒りと妄想と慢とを、克服できていない様子です。その結果、一人ひとりの心には、多くの苦しみが居座り、この世界もまた、危機的な問題の数々を解決できていません。

人間の心に巣くう〝業〟が、時代を超えて、ますます力を増している――そんな現実があります。

新しい「心の使い方」に目覚めよう

とはいえ、私たちは、この世界で生きていかねばなりません。この世界だけが、人が生きていける場所なのです。

だとしたら、この世界での生き方に、答えを出さねばなりません。自分にとっての真実は何か。自分の輪郭の中に、どんな生き方を置くか。

もちろん、苦しみ続ける生き方は、答えになりません。どうすれば、苦しみなく、外の世界に毒されず、「これこそ、自分の生き方である」という納得に、たどり着けるのか――。

その答えとなりうるものが、本書が伝えてきたブディズム――ブッダが伝えた〝心の使い方〟――です。その要点を体系的にまとめていきましょう。

この三つを克服できれば本領発揮！

まず、人が抱える苦悩の原因は、三つに大別できます。すなわち、

①**反応**――外の刺激に触れて、心が動くこと。いわゆる「心の漏れ」。
②**執着**――一度生まれた反応が結生して、心の状態として持続すること。
③**業**　――同じ反応を繰り返すように、心の底から促してくる力。

これら三つを克服していくことが、私たち一人ひとりの課題です。

すなわち、理解して減らしていくこと。越えていくこと。人生を苦悩に縛りつけ、いつまでも自由にしてくれない〝心のからくり〟から自由になること――。

それをめざそうというのが、ブッダが勧めた生き方です。


しかし人は、たいてい真逆の方角をめざしてしまいます。

手に入れること。反応し続けること。その先に答えがあると信じ込んで、他人に期待し、失望し、苛立ち、それでも求め続ける生き方を、降りようとはしません。

しかしその結果、心は満たされませんでした。むしろ、多くの苦しみを体験してきたような気がします。冷静に振り返ると、心の渇きは減っていない。むしろ増えているように思う。心はいっそう頑なに、素直な喜びを感じられなくなりつつある——。

こうした現状に目を覚ませば、**「めざす方角は本当は逆なのだ」**とわかります。

この先は真逆をゆくのです。目を閉じること。自分の心を、外の世界を、画然と分けること。自分の中に、「これこそが、人生最高の価値なのだ」と思えるものを見出すこと。

そのかけがえのない価値を、ブッダは〝ダンマ〟Dhammaと呼びました。

自分にとっての真実。間違いないと思える生き方。何かしらの苦しみを抱えたときに思い出すべき〝心のよりどころ〟——いろんな置き換えが可能です。

すべての意味を含めていえば、**ダンマとは〝一切の苦悩を越えてゆく方法〟**のことです。

ダンマを喜び、楽しみ、つねに思い、忘れない者は、
正しい心の使い方に即して、堕落することがない。

〈道の者〉の節　ダンマパダ

アーナンダよ、自らをよりどころとし、
ダンマをよりどころとせよ（自らの内に真実を見るのだ）。
それ以外の何ものにも――人にも、その思惑や言葉にも――頼る必要はない。

弟子アーナンダへの臨終間際の言葉　ディーガ・ニカーヤ

方向性（信 saddhā）を持つことが、最高の宝である。
実践に基づく手応えこそが、最高の幸福である。
真実こそが、最高の美食である。
智慧（正しい理解と正しい思考）に立って生きることが、最高の人生である。

〈蛇〉の章　スッタニパータ

大いなる目標「智慧の完成」をめざす

ブッダが説いた〝ダンマ〟――苦しみを越える方法――には、いくつかの本質（要素）があります。掲げると、

○**ニュートラルな心**――反応に振り回されない、安定した精神状態。
○**正しい理解**――在るものを在ると知る。反応しない。解釈しない。
○**正しい思考**――善き方向性に沿って、効果のある方法を考える。
○**慈悲の思い**――相手の幸せと、世界の発展を願う心。他者の痛みを思いやる心。

「ニュートラル」があらゆる可能性を開く

最初に説明する必要があるのは、〝ニュートラルな心〟upekkhā: mental state of equanimity でしょう。これは、快や不快の感情がない、安定した精神状態です。〝中立心〟と呼ぶことも可能です。

一般には、反応すること、楽しむこと、人によっては怒ることにさえ、価値があると思われている様子です。しかし快にせよ、不快にせよ、反応すれば、心の状態は変わります。その変化が苦悩につながっていくことは、すでに理解しましたね。

そこで**快か不快かではなく、真ん中であるニュートラルな心を、日頃の基本とする**のです。落ち着いている。穏やかである――。

ニュートラルな心は、いろんなプラスの効果をもたらします。たとえば、

○人や状況を正確に理解できる――正しい理解を可能にする。
○方向性と方法とを把握できる――正しい思考を可能にする。

○目の前の作業に集中できる。その集中状態を持続できる。
○気持ちの切り替えが早くなる——執着を早く手放せる。
○クリーンな心でいられる——反応しない心が最高の快であることを、実感できる。

こうした効果は、ニュートラルな心から始まります。

たとえば向き合う対象が、人間であれ、仕事であれ、本や試験問題であれ、最初に必要なのは「冷静に理解する」ことです。

どう向き合えばよいか。どうすれば解決できるか。そこで必要なのは、正しい思考——これもニュートラルであってこそ、可能です。

物事をやり遂げるには、何事にも集中と継続が必要ですが、これを容易にするのも、ニュートラルで安定した心です。

ニュートラルな心に戻ることが上手になれば、ストレスや雑念を素早くリセットできます。切り替え上手になれるのです。

こうした多彩な効果を手に入れるために、サティを実践するのです。目を閉じて、腹部や鼻先の呼吸を見る。足の裏を感じて歩く。感情や思考と異なる〝感覚〟に意識を向けることで、心をニュートラルに変えていくのです。

「ニュートラルでいることが、一番心地いいし、価値がある」と思えるようになったら、人生が変わるチャンスです。反応ばかりの生き方に、価値はない――そう思えた瞬間に、多くの新しい可能性が開けてくるのです。

自らの内側に留まって、わが心を制している人は少ない。
正しい人は、つねにサティをもって向き合い、執われのない境地に立って、
現実の世界を、中立心をもって生きていく。

サンユッタ・ニカーヤ

洗いたての心を作る「二つの知性」

いよいよ、まとめに入ります。クリーンな心という最高の心境を手にするために、何を育てていけばいいか。

第一は〝**理解する力**〟**を育てる**こと——これが、ブッダの教えの根幹です。

正しい理解とは、在るものは在る、無いものは無い、と正確に（ありのままに）知ることでしたね。これを鍛える練習が、ラベリングとサティでした。

反応ばかりしてきた人に、この言葉の意味がわかるのは、しばらく後になります。でも、すべての反応を凌駕し、人生を変える力を持つのが、理解する力——これをめざす生き方に、間違いはありません。

理解する心は苦しまない

なぜ人が苦しみ続けるかといえば、理解する力を育てていないからです。

実は、医学でも科学でも、現実を変える力を持つ学問は〝理解する〟という手法を使っています。原因や仕組みを突き止める。その理解に基づいて、方法を編み出す。その方法をもって、現実を変えていく——人類史上さまざまな問題を解決してきた最強の知性は〝理解する力〟だったのです。

心の苦しみも、理解することで解決に向かいます。この苦しみの「原因」は何か——反応なのか、執着なのか、もっと根深い業なのか——原因を理解できれば、どうすれば解消できるかという方法も、見えてきます。

あなたが直面する悩みも、最初に心がけるべきは、理解することです。反応に流されないように。「この状況をどう理解すればいい?」「方法は何だ?」——今後は〝こころを洗う技術〟を駆使してください。多くの問題を解決できるはずです。

理解できたとき、心は苦悩から抜け出します。「課題」はあるかもしれませんが、「苦悩」は、もはや存在しません。

理解する心は、苦しまない——そう覚えておきましょう。

「正しい思考」で突き進め

〝正しい理解〟の上に成り立つのが〝正しい思考〟です。これは**「自分はこう思う」の前に置くべき、①方向性を見る、②方法を考える、③行動に移す、という秩序のある思考**です。

人はつい、自分の思いでアタマを一杯にしがちです。「自分はこう思う」「こうしたい」「これが正しい」——一度その思いが湧くと、他の思いは入ってこなくなります。

しかし本当は、そうした心の状態に気づいて、何が方向性だったかを、思い出すことなのです。自分にとって、この場所にとって、この世界にとって、何が最も価値あることか、ということを——。

いうまでもなく、苦しみを越えること、わかりあうこと、幸福に近づくことです。

次に「今していることは、方向性にてらして正しいか？」と自問します。問題が起きたときも、動揺せずに、方向性を確かめることから、心を立て直します。

つい誰かを責めたくなったとき、自分を否定したくなったときも、「これは、よき方向性につながらない。考えても意味がない。語る価値がない」と、気づけるようになります。

方向性を確かめることで、目先の反応に振り回されない強い自分が確立するのです。

「自分も幸せ、人も幸せ」を願えるように

方向性の一つにすえるのが〝慈悲の心〟です。

〝**慈しみ**〟とは、人が幸せであるようにと願う心であり、〝**悲の心**〟とは、人の悲しみや心の痛みを、ちゃんと見ようとする心がけです。

この方向性を失ったら、個人の人生も、組織も、世界も、たぶん終わってしまいます。たしかに慈悲とは遠い現実が、外の世界に広がっています。しかし、そうした世界に心を漏らすだけでは、人もあなたも苦しみ続けてしまいます。

苦しみを越えたいなら、慈悲という思考に立つことです。というのも、幸せを大事にする心に、苦しみは続かないからです。

心が汚れても、幸せこそが最高の価値だと思い出せれば、心は直ちにまともな――苦しみがなく、クリーンな状態に戻ります。

ブッダの教えは、信じるものではありません。**苦しみを越えるという究極のゴールを見すえて、自ら選び取る生き方**なのです。

道の者にとって、豊かさとは何か。
慈しみと、悲の心と、他者の喜びへの共感と、手放す心（中立心）に立って、この世界に向き合っている。これが人生における最上の豊かさである。

マッジマ・ニカーヤ

ここまでにお伝えしたことが、ブッダの教えに基づく生き方です。

ブッダの教え（ブディズム）が、真価を発揮するのは、あなたに〝**智慧**〟を授けてくれることです。現実への向き合い方を教えてくれること――。

智慧とは〝正しい理解〟と〝正しい思考〟です。

智慧が備わった心に、苦しみは続きません。正しい理解によって、すべてを見透し、苦しみの原因と、解決の方法を見つけ出せるからです。

どんな悩みも、正しい思考によって答えを出します。すぐに解決できない問題であっても、クリーンな心を保ったまま、「きっと方法はある」「なんとかなる」という楽観のもと生きてゆけます。

こうした生き方が、どれほど軽快か。めざしてみようではありませんか。

心の汚れを捨て、清浄さを増すための正しい理解と思考を育てること。
それこそが、最高の幸せなのです。

ポッタパーダへの教え　ディーガ・ニカーヤ

智慧の完成
PERFECTION OF WISDOM

「人生最高の価値」を明確にしよう

クリーンな心こそが、最高の価値である――この真実は、人生を大きく変える力を持っています。

しかし多くの人は、やっぱり「他にも価値があるのでは」と思いたがります。この勘違いによって、再び〝さまよえる人生〟に舞い戻ってしまうのです。

いくつかの大きな勘違いを直しておきましょう――

自分の価値を他人に委ねるな

よくある勘違いに、「愛されることへの執着」があります。親や異性の愛情を期待することや、いい歳をして「褒められる」ことを期待する心理などです。

子供の心は、愛されたい気持ちで一杯です。その願いは、大人になっても続きます。その願いが執着と化した人は、愛されることを期待して、応えてくれない相手を憎みます。自分が不幸なのは、あの人・あの過去のせいだと思いたがります。

期待がかなわないからと、へそを曲げたり、いっそう自己主張する人もいます。

なぜ心が、いつまでもクリーンにならないか——愛されることに執着しているからです。だから現実に失望して、怒りを感じます。嫉妬したり、他人や社会を恨んだり——結果的に怒りに閉じ込められてしまうのです。


「こんな自分を卒業したい」と本気で思えるかどうかです。

〝こころを洗う技術〟を使ってみましょう——心に何が起きているかを、正しく見るのです。すると身も蓋もない真実ですが、**愛されたい・認めてほしいという願いは、妄想の一つでしかない**ことが見えてきます。

「かなえたい夢」といえば聞こえはいいですが、ただの妄想にすぎません。その妄想が苦しみをもたらすなら、いさぎよく捨てればいいのです。

人生の価値を自分で決めるな

また、こんな勘違いもあります——ある若い人は「やりたいことが見えない」「自分が何に向いているのかわからない」と語ります。

歳を取って現役を引退したら、とたんに「やることがなくなった」「生きがいを失くした」と語る大人もいます。

こうした人は、まだ〝欲求〟——承認欲や金銭欲——に価値を見ているのです。

だから、「やりたいこと」つまり欲を満たせる生き方を期待するし、欲が満たせなくなったら「人生、おしまいだ」と考えてしまうのです。

ここでも〝こころを洗う技術〟——特に〝正しい思考〟を使ってみましょう。

何が価値あることかを再考します。〝自分〟や〝欲求〟は、価値の一つにすぎません。他にも価値はあります。たとえば、役割を果たすこと——人の役に立つことに誇りを感じるという生き方です。

やりたいこと・向いていることがわからないなら、人（社会）に求められることか

ら始めればいい。ひとつの役割を卒業しても、終わりではありません。今の自分にできることを、始めればよいのです。

人生の価値は、本当に幅が広いのです。「やりたいこと」「自分が思うこと」は、意外に小さい――結局は、欲と妄想かもしれません。閉ざされて終わるのは、もったいない。だから、ブッダの智慧を借りてみるのです。

執着していい。但し――

もうひとつ、よくある勘違いに応えておきましょう。

「執着はいけないことか。執着するから頑張れることもあるのでは?」という問いです。ブディズムは、そもそも答えを決めつけません。あくまで方法を示すだけで、その選択は、本人に委ねます。

だから、執着するのは自由です。頑張れるなら、頑張ってみればよいのです。

但し、ひとつ理解しておくべきことがあります。それは、世間の人がいう「執着」には、仏教的には二種類あるということです。

ひとつは、苦しみをもたらす、文字通りの〝執着〟。もうひとつは、目標を達成するための〝正しい努力〟です。後者は、方向性を見定めて、今できること（正しい方法）に全力で集中することです。「信を持つ」とも表現します。

苦しいだけの執着に、価値はありません。方向性があいまいだったり、方法を間違えていたり、集中していなかったり——世間には、間違った執着がとても多いのです。

正しい努力は、方向性に迷いがありません。「これをめざす」という決意以外の妄想が湧かないのです。そして日々には「これで結果が出せる」と確信できる方法（作業）があります。あとは集中するのみです（詳しくは第4章）。

ブッダ自身も〝悟り〟をめざしたときは、尋常でない努力をしました。

この身に流れる血汁は枯れよ、肉は衰えよ。さすれば心は澄み渡り、
気づきと智慧と集中は、いっそう強固になる。
悟り（最高の理解）を窮めるまでは、この固く組んだ足をほどくまい。

正覚前夜 〈励むこと〉スッタニパータ

めざす目標がある人は、この本を何度も読んで、目標達成のエッセンス（条件）をつかんでください。〝こころを洗う技術〟は、きわめて洗練された智慧の体系です。一読ではわからなかったことも、日頃の経験と照らしあわせて読み返すことで、「そういうことだったか！」と、新たに発見することがあるはずです。

苦しいときは「思考が間違っている」と考える

あなたがどんな毎日を過ごすせよ、大事なのは、迷いや苦しみを感じたときです。「心がクリーンじゃない」と感じたときに、ブッダの智慧——〝正しい理解〟と〝正しい思考〟を思い出せるかです。

まず理解してください——心が曇っていることを。「いい状態ではない」と自覚しましょう。そして、正しい思考を取り戻します——価値あることは何か。今何ができるのか。すかさずラベリングして、感覚に意識を切り換えます。

——この手順を重ねていくことで、答えが出る時間が早くなります。「そういうことか！」と腑に落ちたら、小さな悟りを得たということ。毎日が勉強です。

外の世界は関係ないのだ！

理不尽なことがまかり通る世の中です。時代は変わっても、人の貪欲や傲慢が、変わる気配はありません。その傾向は、いっそう強くなっている印象さえあります。しかし外の現実に対して、真っ向から反応することに、価値はありません。私たちにできること——それはせめて、心のうちに価値あるもの、善良なもの、思いやりや明るい希望を保つことです。

目を閉じれば、外の世界は存在しません。外の世界は、他人の世界——完全に別物です。関係がないのです。

これまで、さんざん振り回されてきました。もうよいではありませんか。

自分にとって価値あることを、明確にしましょう。そして外の世界を見ないこと。世にあって世に染まらない、自立した生き方を始めようではありませんか。

最高の人生は、最高の今に始まる

〝こころを洗う技術〟のまとめとして、「人生で最も価値あること」を、今一度明確にしておきましょう。大きくは、三つあります――。

一つは、これで間違いないと思える、正しい生き方。
二つは、心に苦しみがないこと。
三つは、「よく生きた」と思える――納得が残る――こと。

つまり、今に確信が持て、心が軽快であり、いつ振り返っても、過去にヨシと納得できる――否定的な思いが湧かない――ことです。

言葉でいうのは簡単――でも、これが実に難しい〝究極のゴール〟であることは、考えればわかりますよね。真実は、つねにシンプルです。だけど難しい。

だから……技術が必要なのです。たどり着くための具体的な方法が――。

この本で明らかにしたのは、クリーンな心を作る技術――全編、きわめて具体的な技術がちりばめられていたことが、おわかりいただけると思います。

ブディズムは、緻密に体系化された「心の使い方」なのです。これを味方につければ、あなたの人生の質、つまり心境は、大きく変わってゆくはずです。

いうまでもなく、人生には終わりが来ます。途中どのように生きようとも〝卒業の時〟を迎えます。

だからこそ、準備しておかねばなりません。つまり**今のうちに、「間違いなく、苦しみなく、振り返ってヨシと思える生き方」を始めておきなさい**、ということなのです。

たしかに――今が快適でないなら、未来が快適である保証はありません。今心をクリーンにできないなら、一生、心が晴れることはないかもしれません。

やがてくる〝卒業の時〟に、何を思うかは、今思うことで決まる。
明日に幸せが来るかどうかは、今幸せを感じられるかどうかでわかる。

つまり、鍵となるのは今なのです——今の心の状態が、人生のすべてです。

だとしたら、毎日こう考えて過ごすことになります——

わたしは、苦しむために生きているのではない。
苦しみを越えるために生きている。
心を汚すことに価値はない。
クリーンな心でいることが、最高の価値である。

こうした言葉がつねにアタマに浮かぶようになったら、生き方が定まってきたということになります。まずは、最初に思い浮かぶ言葉を、愚痴や後悔や怒りではなく、スッキリ心を晴らしてくれる言葉に、入れ替えてゆきましょう。

「今日この日に快がある」

今という時間の中に、幸福を得る――それは、まぎれもなく最高の生き方です。こうした生き方ができれば、おカネやモノや他者の視線など、外の世界に幸せを左右されることが、なくなります。

幸せは、心の状態で決まる。汚れがなく、快適である――その心境こそが最高の幸福である。

こうした生き方ができれば、次のようなごく普通の営みに、快を得られるようになります――

○新しい一日を迎える。穏やかに時間を過ごす。

○与えられた場所で、役割・働きを果たす。貢献する。
○人に敬意をもって向き合う。誰かの喜びや頑張っている姿に共感する。
○日々の天気や、季節の移ろいを、五感で感じ取る。

これらはすべて、日常の中で手に入れることが可能です。クリーンな心でいるだけで達成できる、外の世界から完全に自立した幸福です。


かつては、現実の日々に物足りなさを感じて、何かを求め続けていた。

しかし今は、授かった日々の中に満足を見出せる。今そのものが幸せである。


そんな心境になれたら、人生は、もはや「上がり」です。これ以上の生き方はありません。

「わたしは、最高の生き方を見出した。生きていけるかぎり、この人生を生きていく」

心からそう思えるはずです。

ここからは、クリーンな心でいこう！

ここまでの道のりを、思い出してください――。

始まりには「燃え続ける心」がありました。「汚れた心」がありました。

しかし〝こころを洗う技術〟を知るにつれて、「澄んだ心」がどういうものか、次第に見えてきました。

クリーンな心の中にあるもの――それは、ニュートラルな心境であり、正しい理解と思考であり、慈悲の心（思いやり）でした。

こうした本当の価値に目覚めることで、日常が変わる可能性が見えてきました。

人生さえ変わっていくかもしれない――そんな希望を感じた人も、いるかもしれません。きっと正しい予感です。

人生を変える力を持つもの――それが〝グリーンな心〟です。

最後に明かすなら、私自身も、かつては生き方が見えないまま、苦悩し続けていました。この世界に居場所がなく、希望を見出せず、いつも不満を抱えていました。

この闇はどこまで続くのだろう――と大げさではなく、深夜だれもいない舗道を駆けながら叫んでいた時期もあります。

三十代半ばになるまで、闇は続きました。わかってくれる人は、この広い世界にだれもいない――本当に、それが実感でした。

結局、日本では答えが見つからず、三十代後半になって、インドに渡りました。

正直、他に行ける場所がなかったのです。真っ暗闇の崖の向こうに飛び降りるつもりで、飛行機に乗りました。

〝彼岸〟――見知らぬ世界――にたどり着いて開けたのは、まったく新しい生き方でした。二五〇〇年を越えるブッダの教えは、かつての小さな、心を汚して生きることしか知らなかった私には、想像を越えていました。

過去、自分ひとりではどうしても解決できなかった問いが、ブッダの智慧によって、見事に解き明かされていきました。「根底からひっくり返される」体験でした。

この本を通じてあなたが出会ったブディズムは、そういう著者の原体験から来ています。

本気で取り組めば、越えられない苦悩はない――そう信じていいくらいに、破格の力を持った世界です。あなたの人生の「最高の味方」になってくれることでしょう。

人生は、いつだってやり直せばいい

もしあなたが、日々の暮らしで悩みに囚われたら、〝こころを洗う技術〟を思い出してください。まずは、クリーンな心を取り戻すことです。

本書に明かした数々の方法を活かすこと。やってみること。鬱々悶々と考え続けるよりは、心を洗ってスッキリするほうが、実は解決への近道なのです。

心は日々汚れます。それはごく自然なこと。怒っても、落ち込んでも、ときに疑いや不安に駆られても、OKです。そこからもう一度、やり直すのです。

少し心が汚れたときは、「ここからは、クリーンな心でいこう!」と思い直してください。

一日は、いつも新しい。
心も、本当は人生さえも、新しく変わりうるのです。
「心を洗ってやり直そう」と思うことで、その可能性は、いつでも開けます。
あなた一人ではありません。
ともに、歩き続けてゆきましょう。

草薙龍瞬

［著者］
草薙 龍瞬（くさなぎ りゅうしゅん）

僧侶・興道の里代表。奈良県出身。中学中退後、十六歳で家出、上京。独学で大検（高認）を経て、東京大学法学部卒業。政策シンクタンク等で働きながら、生き方を探し続け、三十代半ばで得度出家。ミャンマー国立仏教大学専修課程修了。現在、インドで社会改善ＮＧＯと幼稚園・小学校を運営するほか、日本では宗派に属さず「合理的な方法としての仏教」を伝える活動をしている。青春18きっぷを使った夏の全国行脚や、法話と経典朗読を採り入れた２時間の法事など独自の活動を展開中。

著書 ●ブッダの合理的思考法を伝えたベストセラー『反応しない練習』『これも修行のうち。』（ともにKADOKAWA）●ストレスに満ちた日々にやすらぎを取り戻す『怒る技法』（マガジンハウス）●業（心のクセ）を克服する方法を体系化した『大丈夫、あのブッダも家族に悩んだ』（筑摩書房）●変わらぬ日常をもっとラクに生きるために『心の出家』（大和書房）●デビュー作の改訂版『消えない悩みのお片づけ』（ポプラ新書）など著書多数。

公式ブログ https://kusanagiryushun.blogspot.com/
おたより koudounosato@gmail.com

こころを洗う技術

2019年 3月22日 初版第1刷発行
2024年12月 7日 初版第5刷発行

著 者――――――草薙 龍瞬
発行者――――――出井 貴完
発行所――――――SBクリエイティブ株式会社
〒105-0001 東京都港区虎ノ門2-2-1

印刷・製本―――三松堂株式会社

ISBN978-4-7973-9146-6